2012 : Fin du monde – Prévisions Optimistes

L,A Seklitova
L.L Strelnikova

2012 : Fin du monde – Prévisions Optimistes

La série « La Magie de la Perfection »

Edition : BoD - Books on Demand
12/14 rond-point des Champs Elysées
75008 Paris
Imprimé par BoD – Books on Demand, Norderstedt
*ISBN : 978-2-**3221-9222-9***
*Dépôt légal : **Novembre, 2019***

Seklitova L.A., Strelnikova L.L., 2009.

2012 : Fin du monde – prévisions optimistes. La série « La Magie de la perfection ».

Ce livre raconte les secrets de la civilisation passée de la Lémurie, décrit l'ASCENSION. Il introduit le lecteur au concept "d'une autre dimension", les causes des incendies sur la planète.

Le livre révèle le secret des dernières illustrations du «Livre perdu de Nostradamus», ainsi que ce que la planète Nibiru nous apporte, pourquoi les ovnis se plongent dans la terre.

Le lecteur apprendra quels sont les mécanismes en place lorsqu'un enfant apprend à parler, à propos de son âge de transition et de la possibilité de s'exprimer différemment par le biais de langues étrangères.

Il se familiarisera également avec les conférences sur les causes des souffrances humaines et les moyens de les éviter; sur la mort, ses causes et les moyens de prolonger la vie, ainsi qu'une conférence sur la santé humaine, révélant les causes internes des maladies et leur prévention fondées sur un mode de vie sain.

FORMULE D'ÉVOLUTION

Introduction

Ce livre est une nouvelle tentative des auteurs d'élargir la conscience du lecteur en renonçant aux vieux dogmes et en assimilant les nouvelles informations transmises par les Maîtres Suprêmes de l'humanité aux générations futures.

L'Illumination Spirituelle d'un individu ne vient que de l'assimilation des Connaissances supérieures. Après l'assimilation de nouvelles informations un homme commence à comprendre et à réaliser tout ce qu'il n'a pas compris, n'a pas remarqué dans son ignorance. De même, un petit enfant pour le moment ne voit rien, ne sait rien, à l'exception de son domicile et de sa famille. Mais à mesure de sa croissance et la cognition du monde il s'ouvre la construction de la ville et de la société. Il commence à comprendre ce que sont l'industrie et l'agriculture, quels sont les continents et les océans, la science et l'art, c'est-à-dire que les multiples facettes de la vie humaine lui sont révélées. Un homme sait déjà qu'il n'y a pas seulement son père et sa mère, sa maison personnelle et son jardin d'enfants, mais aussi d'autres nations et extraterrestres, les planètes du Système solaire et les galaxies. Le monde s'est élargi grâce aux connaissances acquises au cours de son processus de croissance.

De même, la conscience de l'homme, sa vision du monde et ses processus sont élargis par les connaissances ésotériques données à l'humanité par les Supérieurs pour une certaine période de son développement.

Dans les livres précédents de la série «Magie de la perfection», nous avons écrit comment la conscience devrait être changée pour notre propre illumination, comment transformer le concept ancien en un nouveau. Une étude réfléchie de nouvelles informations cosmiques ainsi que des précisions et suppléments du volume de sa cognition passée du monde aideront le lecteur dans cette affaire.

Notre lecteur d'Ekaterinbourg a très bien écrit comment nos connaissances changent radicalement un homme, c'est-à-dire l'étude d'une série de livres «Au-delà de l'inconnu». Je citerai un extrait de sa lettre:

«… Maintenant, grâce à Vos livres qui sont devenus natales pour moi, je sais pourquoi cela m'arrive, et je le prends beaucoup plus calmement qu'avant.

Et en général, il y a quelques jours, j'ai réalisé quelle était la révolution incroyable en moi faite par vos connaissances nouvelles. Après avoir analysé la diversité des intérêts de ma jeunesse et mes intérêts actuels, j'ai compris qu'une véritable révolution s'était produite: au début de ma vie j'ai été complétement différent de cet homme que je suis à la fin de ma vie.

Quel que soit le domaine de mon activité que je considère, je note toujours des changements fondamentaux dans mes intérêts, mes goûts, mes loisirs et mes idées. Bien sûr, j'ai déjà noté certains moments de tels changements, mais d'une manière ou d'une autre, il n'était pas possible de tout réunir. Et quand cela a été fait à la fois, le résultat m'a assommé. Toute cette transformation a eu lieu en six ans environ. C'est-à-dire que j'ai clairement compris ce qui arrive réellement à un homme sous l'influence de nouvelles Énergies supérieures, après avoir analysé les changements survenus dans bon nombre de mes qualités.

Maintenant, si l'on me demande **pourquoi lire Vos livres**, je peux non seulement théoriser sur ce sujet, mais aussi répondre de manière simple, en utilisant mon propre exemple. Je me souviens que dans l'une des Lois de l'Univers, vous avez dit qu'**une Substance, élargissant les limites de ses connaissances, se précipitant vers de nouveaux sommets, ne remarquait pas le moment où elle atteignait le point de l'état Absolu, puisqu'elle était toujours dirigée vers des objectifs et les taches plus ambitieuses.**

Ainsi, moi-même, une créature qui commence à peine son chemin vers un Sommet illimité, j'ai également vécu une transition similaire, mais très significative d'un état à un autre, dont je souhaite exprimer à nouveau ma gratitude infinie. Apparemment, **aujourd'hui c'est le salut même de l'âme**, qui fait l'objet de tant de discussions, ne comprenant rien effectivement, et que, vis-à-vis de soi-même, je n'ai réussi à réaliser et à ressentir que maintenant.

Merci, mes chers Messagers de la Lumière. Je veux tant qu'avec moi toute l'humanité commence à voir clair et à changer en mieux ...»

Pisklakov Alexander Nikolaevich
Ekaterinbourg

Chapitre 1

LÉMURIE
comment l'ascension est-elle réalisée

Cet article n'a pas pour but d'établir le moment exact de l'existence du peuple de la Lémurie, leur mode de vie et la location même du continent où ils existaient. Nous ne sommes intéressés ni par l'histoire ni par sa géographie. Nous voulons découvrir les raisons de l'apparition de certains peuples sur Terre et de leur disparition soudaine. Les Supérieurs nous permettent de découvrir la signification intérieure des événements qui reste cachée à la vue d'un homme ordinaire. Nous ne révélons pas de secrets, mais les Supérieurs dévoilent le voile de leurs actes mystérieux par rapport à notre Terre.

- - -

En parlant de la restructuration future de notre planète, nous avons écrit dans nos livres que seul un continent eurasien restera sur Terre et que le reste finira par sombrer dans l'eau. À cet égard, les lecteurs ont des questions sur ce sujet. Un grand continent peut-il se plonger immédiatement ou se plongera-t-il pendant plusieurs siècles, étant donné que maintenant, en raison de la fonte des glaces, les faubourgs des continents sont déjà submergés par les eaux de 6 à 10 centimètres par an à certains endroits? Quels sont les mécanismes de mouvement des continents? Les Supérieurs gèrent-ils ces processus ou tout se passe-t-il seul?

Les catastrophes mondiales ne sont pas nouvelles pour notre planète.

L'histoire de la Terre possède déjà de l'expérience dans le déplacement des continents et la formation des configurations de la terre nécessaires aux Supérieurs. Ils ont une vaste expérience dans le changement de la face de la planète et du déplacement des continents. Par exemple, Lémurie, appartenant à la 4ème civilisation, s'est plongée en très peu de temps. Cela s'est passé il y a plus de 12 mille ans. Ce continent (Lémurie) était de taille supérieure à l'Amérique du Nord.

En utilisant le même exemple, nous répondrons aux questions des lecteurs sur la manière dont l'ascension se produit dans les mondes de notre niveau terrestre, puisqu'un grand nombre de phénomènes sont interconnectés par un processus unique.

Adressons-nous maintenant à quelques informations historiques sur cette civilisation. C'était une nation développée qui existait en parallèle avec Atlantide. À cette époque, il y avait 7 continents sur la Terre. Les Lémuriens sont arrivés dans notre monde d'une autre planète de notre univers. Bien que certains prétendent qu'ils venaient d'un autre univers, celui-ci ne peut pas l'être parce que chaque univers est construit à partir de matière d'une qualité strictement définie et que la matière d'un univers est incompatible avec la matière d'un autre univers.

Chaque univers a son propre rythme de vie et la vitesse des processus et du développement sont initialement fixés, donc les créatures d'un autre univers dont processus (dans les créatures) s'écoulent au même rythme, ne pourront pas s'enraciner et se développer dans un autre univers. Ils mourront soit immédiatement, soit dans peu de temps après.

Chaque univers a aussi son propre potentiel, son temps et toutes les créatures qui y sont nées répondent à ces indicateurs principaux. Dès le moment de leur naissance les paramètres nécessaires leur sont indiqués. C'est pourquoi ils deviennent incompatibles avec les indicateurs énergétiques et les propriétés de leur matière avec l'environnement des autres matières de l'univers.

Ainsi, la planète natale des Lémuriens se trouvait dans notre propre univers et ils ont pu s'établir librement sur notre Terre et y poursuivre leur existence. Nous avons écrit que certaines civilisations terrestres étaient composées d'extraterrestres qui, pour de diverses raisons, s'étaient déplacés d'une zone de l'univers à une autre, mais dans des conditions de vie similaires.

Pour quelle raison les Lémuriens ont-ils déménagé sur notre planète?

La raison pour laquelle ils ont été forcés de quitter leur patrie était parce que leur planète était en catastrophe. Et dans l'espace, il existe des services d'aide spéciaux, très développés, qui se consacrent au salut et à la migration des créatures d'un lieu à l'autre, mais qui répondent, d'après les indicateurs environnementaux, à leurs conditions de vie antérieures. Ces services de sauvetage ont transporté les Lémuriens dans leur vaisseau spatial. (Ils n'étaient pas nombreux). Et là, ils devaient continuer leur développement.

Les extraterrestres ne sont pas venus ici pour améliorer le code génétique de la quatrième civilisation et apporter un nouveau courant dans le fonds génétique de terriens. Ici, ils ont dû affiner certaines de leurs qualités. Les âmes cosmiques sont souvent envoyées sur Terre pour élaborer dans leur matrice de nouvelles qualités spécifiques ou pour affiner les anciennes.

Dans ce cas, ils n'ont pas eu le temps sur leur planète en détresse d'atteindre les paramètres nécessaires pour pouvoir passer au Niveau supérieur. Mais dans la hiérarchie de Dieu, leurs âmes doivent prendre une place spécifique. La hiérarchie a besoin des âmes d'une certaine qualité et quantité. C'est pourquoi la population des Lémuriens devait donner le nombre requis d'âmes à tout prix.

C'est pour cette raison interne qu'ils ont été envoyés dans des conditions similaires à celles de leur planète, afin d'obtenir les indicateurs énergétiques nécessaires pour passer à un Niveau supérieur. Et en même temps la bientraitance des Supérieurs se manifestait, ce qui donnait encore une fois aux âmes une chance de s'élever plus haut.

Nos invités ont nommé le nouveau pays Lémurie en l'honneur de leur ancienne planète Lémur, d'où ils sont arrivés.

Les Lémuriens possédaient une technologie de pointe, de l'énergie des cristaux et l'utilisaient pour leurs besoins; ils utilisaient l'énergie atomique, l'électronique. Ils avaient des avions qui leur permettaient de voyager du continent au continent par voie aérienne. Certains représentants de la Lémurie possédaient la télépathie, la clairaudience, une médecine bien développée et des contacts étaient établis avec des Maîtres Célestes. Les Déterminants sont restés les mêmes après leur déplacement, car pour eux notre univers c'est le même monde qu'ils gouvernent. Et s'ils venaient d'un autre univers, leurs Déterminants devraient changer, car les fonctions des univers et l'énergie avec laquelle ils travaillent changent.

Mais, malgré une civilisation aussi développée et le contact avec les Maîtres Célestes, les Lémuriens ont disparu en un instant, des milliers de personnes sont mortes.

L'immense continent s'est plongé en une nuit. La plongée était très calme, l'eau recouvrait la terre lentement (aucuns ruisseaux bouillonnants, que nous voyons maintenant dans différents endroits de la planète lors d'inondations). Il n'y avait pas d'ouragan, pas de tremblement de terre, pas de tsunami. Les eaux océaniques ont avalé le continent tranquillement et calmement jusqu'à ce qu'il disparaisse complètement sous l'eau. Le continent se noyait si doucement que les gens endormis ne réalisèrent pas que leur dernière heure était venue. La catastrophe s'est produite la nuit. Il n'y avait que les sommets des points les plus élevés de la chaîne de montagnes. (Maintenant ce sont des îles).

Quelques groupes peu nombreux ont réussi à s'échapper, ils occupaient les plus hauts sommets du continent. Les survivants raconté comment tout s'est passé. Les Lémuriens sauvés ont continué d'exister et se sont ensuite éteints naturellement.

Mais leur présence permet à certains chercheurs de tirer des conclusions erronées selon lesquelles les Lémuriens étaient sauvages, peu instruits et possédaient une intelligence faible. Cependant, il est impossible de juger par le reste de la population de la mentalité moyenne de ce peuple.

Imaginez qu'il en soit de même avec notre continent. Nous avons des gens très instruits et en même temps beaucoup de personnes faibles, en train de reconstituer constamment l'armée de sans-abri. Les individus bas, plus vivaces et plus adaptables aux conditions environnementales défavorables, seront sauvés et survivront en premier lieu. Et si ce ne sont que plusieurs sans-abri ou bergers vivant dans des alpages, alors en analysant leur intelligence on ne peut pas supposer que tous les autres représentants de ce peuple étaient les mêmes. Il reste à soulever la question de savoir qui est capable de salut et de subsister dans de telles conditions catastrophiques. Bien sûr, tous les intellectuels et les personnes hautement spirituelles y perdront. Alors les meilleurs représentants de la Lémurie sont morts.

Et en même temps, alors que le continent se plongeait dans l'eau, un immense navire galactique des hauteurs de l'espace extra-atmosphérique surveillait l'immersion du continent, jusqu'à ce qu'il disparaisse complètement sous l'eau. Après que les eaux de l'océan Pacifique l'aient complètement englouti, le navire s'est envolé.

Comme nous le voyons, pour les Supérieurs cela ne coûte rien pour que le continent dont ils n'ont pas besoin ne soit plongé. Ils ont leurs propres technologies pour cela. La majeure partie du continent solide a rapidement et silencieusement plongé au fond de l'océan

Pacifique, comme sur un cric, comme si quelqu'un l'avait contrôlé. Ce n'est que l'Atlantide reliée par certains éléments structurels à la plateforme du continent mourant qui a ressenti cette catastrophe. Par conséquent, pendant cette période, elle a ressenti des tremblements et certaines parties de la côte s'en sont détachées. Cependant, l'Atlantide n'a pas existé longtemps après cela et s'est plongé aussi dans 200 ans.

Mais nous devons nous arrêter sur le fait que les extraterrestres de l'espace n'ont pas sauvé les gens, mais ont seulement observé leur mort de l'extérieur. De plus, on peut supposer qu'ils ont, par décision d'en Haut, participé à l'abaissement du continent. Tout était calculé, planifié avec soin et il ne restait plus qu'à appuyer sur le dernier bouton pour que le plan prenne fin - la mort du continent.

- - -

Dans l'un de nos livres, nous avons écrit que des navires extraterrestres arrivent sur Terre pour corriger des masses tectoniques et travailler avec les continents de la manière requise. Et depuis 1990 ces travaux se sont développés de manière particulièrement large. De toute évidence, des travaux préparatoires sont en cours pour modifier la surface de notre planète, car celle-ci subira à nouveau une restructuration majeure: certains continents seront submergés, et ceux nécessaires s'élèveront au-dessus de l'eau. Et tout cela ne se produira pas avec un coup de baguette magique, mais avec l'utilisation d'extraterrestres matériels capables de travailler avec de la matière physique.

La restructuration de la surface de la Terre, sa préparation pour la sixième race se feront impliquant la participation directe d'invités de l'espace. Ce travail est déjà en cours. Par conséquent, les gens voient beaucoup d'aéronefs plonger dans les océans, puis descendre dans la terre. Que font-ils à l'intérieur de la planète et au fond des océans? Ne «liment-ils» pas les fondations du continent suivant qui devrait se cacher sous l'eau? Utilisent-ils la même technologie que celle appliquée à Lémurie ou activent-ils d'autres processus?

Mais revenons à la question: pourquoi nos frères aînés n'ont-ils sauvé personne, et en particulier pourquoi n'ont-ils pas sauvé les habitants de la Lémurie, parmi lesquels se trouvaient de nombreuses personnes dignes, mais les ont tranquillement regardés se noyer?

Pour répondre à cette question, nous devons nous rappeler que le comportement et le Niveau des gens ne correspondaient pas au Niveau des étrangers, leur développement était beaucoup plus faible, ce qui signifie que les personnes qu'ils avaient sauvées ne s'intégreraient pas dans leur monde et ne pourraient pas y exister en fonction de leurs caractéristiques énergétiques.

Chaque Niveau de développement des créatures a son propre monde en termes d'énergopotentiel, c'est-à-dire en termes d'indicateurs énergétiques. Et un homme, tombé dans un environnement qui lui était étranger de créatures très développées, n'aurait pas pu s'y implanter. Il serait mort avant d'avoir atteint le nouveau monde.

Les Lémuriens ont été réinstallés parce qu'ils n'avaient pas achevé leur phase de développement, qu'ils n'avaient pas accumulé les indicateurs nécessaires pour passer au monde de haut niveau, qu'ils devaient atteindre un certain Niveau. Ils ont donc été déplacés là où ils pouvaient l'atteindre, c'est-à-dire sur notre planète.

Ici, ils devaient obtenir les indicateurs dont ils avaient besoin. Mais la majorité de la population s'est dégradée, ils ont continué à prendre du retard dans leur développement spirituel. Ils ne pouvaient pas se préparer à l'ascension, c'est-à-dire au passage à la dimension suivante, bien qu'ils se soient développés techniquement normalement. Mais le développement technologique ne donne pas la spiritualité.

Le pourcentage de déchet d'âmes était énorme, aussi les Supérieurs ont décidé de détruire tout le continent, car il restait une formation d'énergie incorrecte du continent sur lequel ils vivaient. Après tout, tout être vivant est étroitement lié à la Terre et lui transfère une partie des énergies transformées par cette forme. Et si les Lémuriens ne pouvaient pas se développer de la manière requise, ils transmettaient donc à la Terre une énergie de qualité inférieure à celle requise, ce qui conduisait à une construction incorrecte de ses structures subtiles à cet endroit. L'eau, en tant que matière à forte intensité énergétique, est capable de redistribuer l'énergie et d'égaliser son équilibre sur notre planète. À ces fins, le continent a été mis dans l'eau, ici il a été nettoyé.

Cependant, les Supérieurs n'était pas complètement indifférent aux gens et les avertissait à l'avance du cataclysme imminent. Certains contacteurs ont reçu des informations sur la catastrophe à venir par le biais de leurs canaux de communication. Mais les gens sont les gens. Comme toujours, ils ne croyaient pas à la destruction complète de leur continent. Il était trop énorme et il leur a semblé que personne n'avait la force de détruire tout le continent.

Le salut était en développement. C'est-à-dire que les gens, en raison de leur connaissance cosmique élevée et de leur travail spirituel, devraient augmenter l'énergopotentiel de leur âme le plus rapidement possible, puis passer à la dimension suivante. Ils ont eu le droit d'ascension. En quoi consistait-il?

L'ascension ne se produira jamais dans un corps matériel, dans cette coquille dans laquelle se trouve une personne à un moment donné. (Il s'agit des 5ème et 6ème races). Sa matière physique réelle ne peut pas encore exister dans une autre dimension du Monde supérieur et doit donc être rejetée et abandonnée dans ce monde.

Si une personne se prépare à l'ascension, elle comprend activement la nouvelle connaissance cosmique transmise par les Supérieurs spécifiquement à ces fins. Pour cela, elle peut également utiliser diverses pratiques spirituelles qui contribuent à augmenter l'énergopotentiel de ses corps subtils. **En les saturant avec une énergie d'une nouvelle gamme haute, une personne prépare sa matière pour la transition vers un Niveau supérieur.** Si elle s'améliore correctement, elle devient prête à passer au Niveau suivant, à une autre dimension. Personne ne peut la transférer artificiellement dans un monde supérieur. Elle seule peut se préparer à cette transition en travaillant dur avec son âme.

Par exemple, dans le livre «Esprit supérieur révèle des secrets», nous avons eu un tel cas. Un jeune homme est tombé chez les sombres et ils ont commencé à le persuader de rester avec eux. En même temps, ils lui ont montré le Monde lumineux. Il a brillé avec de hautes énergies. Le guide accompagnant ce jeune homme a montré qu'il n'était pas encore prêt pour ce monde. «Veux-tu y aller? Il a demandé. «Regarde ce qui va t'arriver», et le guide jeta un objet là-bas dans le monde lumineux, et il s'enflamma immédiatement et brûla.

De même le corps matériel d'une personne, non préparé aux hautes énergies de tout monde supérieur y brûlera. Une personne ne peut normalement exister que dans un monde qui correspond à son Niveau de développement et correspond donc à son énergopotentiel. Ceci est une simple **correspondance physique.**

Par conséquent, toute Ascension, en tant que transition vers une autre dimension et un autre monde, doit être accompagnée d'une préparation préalable à un monde nouveau, consistant à augmenter ses performances énergétiques.

Les Supérieurs avant de telles transitions vers une autre dimension, appelée ASCENSION, envoient toujours aux gens une nouvelle énergie supplémentaire pour augmenter leur énergopotentiel. Cette énergie est transmise par le biais de nouvelles connaissances supérieures, de pratiques spirituelles, de personnes contactées et de voyants, de missionnaires. Et qui accepte ce nouveau et travaille avec lui, il se prépare ainsi à l'ascension comme transition vers la prochaine dimension. Et qui ne reconnaît pas tout ce qui est nouveau qui vient d'en haut, n'augmente pas l'énergopotentiel de son âme, il continue de correspondre à ce monde ancien, il ne pourra donc pas s'engager dans une nouvelle dimension. L'ascension de telles âmes n'aura pas lieu.

Les âmes ont besoin d'un certain temps pour augmenter leur potentiel énergétique. Et le Supérieur le donne aux terriens. Puis vient le moment de l'ascension. Cela se fait toujours à travers des catastrophes pour les mondes matériels inférieurs. Et ces âmes de personnes qui se sont préparées à une telle transition et ont soigneusement travaillé sur elles-mêmes passent au Niveau de développement suivant. Ils jettent leurs coquilles physiques et passent dans un nouvel état à la prochaine dimension. Leur prochaine coquille en énergopotentiel correspond à cette dimension.

Et ceux qui n'ont pas fait de travail spirituel et n'ont pas travaillé avec de nouveaux types d'énergies restent au même Niveau. Leur ascension ne peut avoir lieu purement physique. Par conséquent, ils seront transférés dans un monde similaire, similaire à celui-ci, mais sur une autre planète.

La même division s'est produite en Lémurie. Ceux dont les âmes ont atteint la perfection requise pour l'ascension (pour la transition) sont passés dans une nouvelle dimension, et ceux qui n'ont pas atteint les paramètres requis sont restés dans le monde matériel, dans l'ancienne dimension, en affinant leurs indicateurs d'énergie. C'est pourquoi, en Lémurie, il était prévu de transférer 200000 personnes dans une nouvelle dimension, et seulement 25 000 personnes étaient prêtes pour cela. C'est-à-dire que les âmes basses sont restées dans l'ancienne dimension et que les âmes élevées sont entrées dans une nouvelle dimension. Et c'était leur ascension. Mais dans les deux groupes, cela s'est passé par la mort.

De même, l'ascension se produira également avec des personnes réelles, ce que d'autres contactés promettent maintenant, c'est-à-dire que l'ascension se fera par la chute des coquilles physiques. Les gens comprennent cela au sens littéral comme une transition vers un nouveau monde dans un corps physique réel. Ils aiment leur vieux corps à moitié usé et ont peur de s'en séparer. Ils associent donc, à leurs yeux, l'ascension à la possibilité de préserver la matière biologique. Mais cela n'arrivera pas. Ceux qui n'ont pas atteint la perfection voulue resteront dans le monde inférieur pour des raisons purement techniques.

Tous ceux qui, grâce au travail acharné et à la connaissance de la nouvelle Information Supérieure et au travail spirituel sur eux-mêmes, ont atteint le niveau de développement requis pour un moment donné et ont par conséquent atteint les indicateurs d'énergie requis vont monter. Et leur ascension consistera dans la transition vers une autre dimension, mais par la mort. Et ceux qui n'auront pas choisi un livre contenant les informations les plus élevées mourront également en temps voulu, mais resteront dans le monde inférieur. Aucune ascension ne lui arrivera. Il restera à se développer aux mêmes fréquences d'énergies et donc dans un monde similaire.

Et encore une fois, je soulignerai l'essence de ce qui se passe, car tous pensent que l'ascension est que les extraterrestres voleront en avion, les chargeront sur leurs navires, puis qu'ils seront accompagnés, avec les extraterrestres, dans l'immensité de l'univers sur leur belle planète et qu'ils continueront à vivre dans le nouveau monde.

Ceci n'est possible que pour les unités, pour les petits groupes de personnes. Pour tous les autres, l'ascension se fera par la chute du corps matériel, c'est-à-dire par la mort. Mais, au moment de l'ascension, une division de l'humanité aura lieu: certaines s'élèveront effectivement au monde supérieur, tandis que d'autres resteront dans l'ancien monde inférieur et continueront d'obtenir les indicateurs nécessaires pour la prochaine ascension, qui aura lieu dans plusieurs milliers d'années. Mais dans tous les cas, peu importe ce qui se passe sur Terre, l'humanité ne sera pas complètement détruite. Elle poursuivra son développement sur Terre, mais dans une quantité plus petite.

DIMENSION - QU'EST-CE QUE C'EST?

Et maintenant, examinons la question concernant une «dimension» afin de comprendre pourquoi pour l'ascension en tant que transition vers un Niveau de développement supérieur, chaque âme doit améliorer ses indicateurs énergétiques.

La dimension c'est une direction que le développement, l'expansion, l'évolution doivent suivre (Le livre "Conversations sur l'inconnu").

Toute dimension contient une certaine gamme d'énergies. **L'évolution se manifeste par une augmentation du nombre de dimensions** dans le développement des formes de vie et des mondes. Plus elles vieillissent, plus elles acquièrent de dimensions, c'est-à-dire que tout dans des directions de plus en plus grandes est capable de se développer.

Par exemple, lorsque la Terre passe à un nouveau Niveau de développement, la planète acquiert en plus 3 nouveaux coquilles subtiles. Chacune d'entre eux travaille avec une nouvelle gamme d'énergies, d'un ordre plus élevé qu'avant, avec lequel elle a travaillé jusqu'à 2000. En d'autres termes, notre planète se développera dans trois nouvelles directions, dans trois dimensions supplémentaires.

La Terre, en tant que structure, y compris ses structures subtiles, existera désormais dans 10 dimensions, y compris le plan physique.

La transition vers une autre dimension c'est la transition de la matière d'une gamme d'énergie dans laquelle elle a une propriété à une autre gamme d'énergie dans laquelle la matière elle-même et ses propriétés passent à un autre état qualitatif. La matière acquiert d'autres propriétés.

Il est important de comprendre que **chaque dimension a sa propre matière et ses propres propriétés**, différentes des propriétés de la matière d'une autre dimension. La matière de chaque dimension a des propriétés individuelles, c'est-à-dire qu'elle est capable d'agir de manière strictement concrète.

Pour cette raison, un objet ne peut passer d'un monde à un autre qu'après avoir acquis des propriétés correspondant aux qualités et propriétés des énergies du prochain monde dans sa zone frontalière. Sinon, il ne peut pas y exister.

Un objet non préparé, tombant dans une autre dimension, y mourra immédiatement ou après un certain temps. Tout dépend du degré de préparation, c'est-à-dire du développement de son âme et de son rapprochement avec la gamme d'énergie du monde suivant. (Un individu peut exister dans la zone frontière des mondes de Niveaux adjacents).

L'âme d'un individu, par exemple, passe dans une autre dimension après sa mort et peut y exister, mais seulement parce que, par ses propriétés, elle convient tout d'abord à ce monde subtil. Elle est construite sur la possibilité d'existence dans une autre dimension, proche du monde terrestre.

Selon ses caractéristiques énergétiques l'âme ne peut pas entrer dans une très haute dimension du premier Niveau de la Hiérarchie de Dieu. Elle y brûlera immédiatement ou sera écrasée par le potentiel puissant de l'environnement, car elle dispose d'un faible énergopotentiel, incapable de le supporter.

Les mondes supérieurs, et donc les dimensions dans lesquelles ils existent, ont des énergies puissantes. Pour comprendre la différence entre le **monde terrestre et le Monde supérieur**, comparez la tension électrique d'une batterie de lampe de poche de 3 volts et d'une ligne d'alimentation de 100 kilovolts. La différence est énorme.

Chaque monde, chaque dimension a ses propres indicateurs énergétiques. Pour y se sentir normales les caractéristiques énergétiques de la structure subtile des créatures doivent également correspondre à ces mondes et à leurs dimensions. Parfois le salut est impossible car pour les créatures il n'y a tout simplement de place dans les autres mondes selon leurs indicateurs énergétiques. Dans le plan haut elles seront écrasées par la puissance des énergocouches, elles ne peuvent pas entrer dans la couche basse, car cela signifie une dégradation pour eux. Mais elles ne peuvent pas être réinstallées dans un monde qui correspond à leurs caractéristiques, car il peut être conçu pour un nombre spécifique de créatures et le dépassement de ce nombre peut conduire le monde à des surcharges et à la mort.

Tout doit être cohérent. Ainsi, il peut parfois être difficile pour les Services de secours de trouver un endroit où les créatures pourraient être déplacées quand leur existence est menacée. Il est impossible de créer un nouveau monde à la fois, mais pour la vie et le développement continu il est nécessaire d'organiser de nombreux processus environnementaux d'une certaine manière. Il ne suffit pas que les créatures vivent simplement. Il est nécessaire qu'elles continuent à s'améliorer dans le nouveau monde. Sinon, tout ce salut se transformera en un gaspillage énorme et inutile pour les Supérieurs.

Mais revenons au concept de dimension. Tout repose sur le développement et la possibilité ou l'impossibilité de le poursuivre.

Le monde physique pour son Niveau actuel a trois coordonnées spatiales et une coordonnée temporelle dans lesquelles il est capable de se développer. Les quatre coordonnées forment ensemble une seule dimension, à savoir le volume spatial dans lequel cette matière peut exister et conserver ses propriétés.

Habituellement, ce volume exprime un Niveau dans l'ensemble de ses propriétés spécifiques. Mais le Niveau a une **dimensionnalité**. Une dimension est formée **de plusieurs dimensions qui permettent à l'objet de se développer à un Niveau donné dans plusieurs directions**. Pour la Terre, la dimensionnalité se compose de trois coordonnées spatiales et une temporelle. (Les gens prennent généralement les dimensionnalités pour les dimensions.) Mais seule **la totalité d'un nombre spécifique de dimensionnalités** forme une dimension, c'est-à-dire un Niveau donné.

Par exemple, un homme de la cinquième race a sept coquilles, chacune fonctionnant avec sa propre gamme d'énergies: éthérique, astrale, mentale ... Par conséquent, la dimensionnalité d'un humain est égale à sept (en fonction du nombre de coquilles) et peut être améliorée dans sept plages d'énergie. L'homme est multidimensionnel, mais jusqu'à présent sa dimension fait 7 (sept). La dimension de la sixième course sera de neuf (9) gammes d'énergie dans lesquelles l'âme peut se développer.

Autrement dit, un humain existe dans cette dimension, mais sa dimensionnalité est 7. Pour passer à une autre dimension, il faut augmenter la dimensionnalité à un certain rapport, qui **établit une relation** entre la dimension du Niveau et ses dimensionnalités inhérentes.

Cette construction indique que pour passer à une autre dimension, vous devez vous construire d'une certaine manière, correspondant à la future dimension supérieure.

Supposons que pour entrer dans la dimension suivante, correspondant au deuxième Niveau de la Hiérarchie terrestre, un humain doit développer une dimension strictement définie. Il sera capable de le faire en développant les cinq coquilles subtiles suivantes. (Deux nouveaux coquilles seront développées dans la sixième civilisation et trois - dans la septième).

Les nouveaux coquilles sont ces volumes qui créent la dimensionnalité de l'âme humaine. Mais cette dimensionnalité n'apparaît pas d'elle-même, mais sous l'influence des Personnalités et des Niveaux supérieurs qui y résident. Seuls les Supérieurs savent combien de coquilles doivent être ajoutées à l'âme ou à un autre état, afin qu'après le développement requis, elles puissent effectuer la transition vers une autre dimension. Et tant que l'âme ne se préparera pas de la manière requise, elle ne pourra pas faire la transition vers la dimension suivante pour y exister normalement.

C'est-à-dire qu'il est important de comprendre **qu'avant de passer à une nouvelle dimension, l'âme doit accumuler en elle une certaine gamme d'énergies dans les nouveaux coquilles qui lui sont données, ce qui lui permettra d'acquérir une nouvelle structure lui conférant de nouvelles propriétés dans lesquelles la matière de la prochaine dimension existe.**

Dans la nouvelle dimension, la matière du monde a d'autres propriétés que celle dans laquelle le sujet se trouve maintenant. Et pour exister dans le nouveau monde, il faut lui devenir identique dans les propriétés de la matière. Et pour qu'une telle identité existe, l'âme doit produire la gamme nécessaire d'énergies qui, ensemble, formeront les propriétés nécessaires à l'existence dans un monde supérieur.

«**La transition d'un monde à l'autre passe par l'acquisition par un individu de propriétés correspondant aux énergies de ce monde,** car toute propriété n'est rien de plus que l'énergie d'un Niveau ou d'un autre d'un monde donné..

Qu'est-ce qu'une **propriété? Il s'agit d'une énergie d'une certaine qualité, dotée d'un mécanisme d'action spécifique,** c'est-à-dire qu'elle est construite de manière spécifique, ce qui lui permet d'agir uniquement d'une certaine manière.» (Le livre "Conversations sur l'inconnu", Ch. 3, Strelnikova A.I. et L.L.)

Chaque monde est dans sa propre dimension et chacun a sa propre dimensionnalité. Lorsque le Niveau augmente, le Niveau augmente sa dimenstionnalité. Autrement on peut dire que chaque Niveau supérieur a un nombre croissant de directions de développement, c'est-à-dire un plus grand nombre de dimensionnalités et est capable de se développer dans plusieurs dimensions à la fois.

La transition d'un Niveau mondial à un autre est une transition vers une autre dimension. Et cette transition s'accompagne d'un accroissement de la dimensionnalité de l'âme qui passe.

La dimensionnalité est un développement dans une seule gamme d'énergie, dans une direction. Par exemple, le plan mental est le développement de l'intellect dans le spectre mental des énergies, le plan astral est le développement des sens, l'élaboration du spectre astral des énergies, le plan de Bouddha est le développement des qualités spirituelles, un spectre d'énergies supérieur. Mais chacun de ces plans ne signifie qu'une seule dimensionnalité.

RAISON DES INCENDIES SUR TERRE

L'été et l'automne 2009 sont saturés d'incendies. D'énormes étendues de forêts brûlent en Californie, en Australie, en Espagne, des incendies se déclarent en France et en Sibérie. Dans les steppes de Stavropol, notre récolte de céréales a brûlé. Des villages, des maisons de campagne sont en feu. Les gens attribuent ces incendies à des causes qu'ils connaissent: incendies criminels et négligence humaine. Bien sûr, ces raisons sont actuelles toujours, mais elles ne sont pas capables d'influencer des territoires trop vastes.

Pour allumer un feu, il faut parfois beaucoup d'efforts, et pour que la flamme ne s'éteigne pas longtemps, il est également nécessaire de la maintenir en permanence. Dès qu'on se distrait du feu - la flamme qui s'éteint immédiatement. Et quand le feu englobe de vastes forêts et défile à travers champs et forêts, absorbant kilomètre par kilomètre, il ne reste que de se demander comment il «marche» des dizaines de kilomètres.

Qu'est-ce qui se passe ici? Pourquoi y a-t-il des incendies sur notre planète?

Adressons-nous d'abord au Coran où les infidèles sont menacés par le feu. A. Shaldin nous a trouvé la citation suivante (Coran 2: 29-30):

«Dis: La vérité vient de ton Dieu.
Celui qui veut - croira (en Lui),
Celui qui veut - restera infidèle.
Nous avons préparé le Feu pour les infidèles
Qui les entourera avec une tente en flammes.
Et s'ils réclament du secours,
L'eau comme du métal en fusion
Ébouillantera leurs visages.»

Et nous pouvons déjà observer la même chose lorsque le feu dévore des arbres et entoure des villages, des bâtiments résidentiels situés dans des bois, de sorte qu'il est impossible pour une personne d'en sortir. Combien de personnes ont brûlé dans une telle flamme! Et même les pompiers combattant le feu sont tombés dans son environnement et ont brûlé. Par conséquent, nous pouvons dire que cette prophétie du Coran, ou une menace pour l'homme, est accomplie.

Et la Bible dit à propos du feu:
(«Apocalypse de Jean», chap. 16, p. 8)

«Le quatrième Ange versa sa coupe sur le soleil: et il lui fut donné de brûler les hommes par le feu!».

Ou plus loin dans «Apocalypse ...», il est écrit:

«Le Premier Ange sonna de la trompette :
et il se forma une grêle, et un feu mêlés de sang
qui tombèrent sur la terre ;
et la troisième partie de la terre et des arbres fut brûlée, et le feu brûla toute herbe verte.»

La Bible et le Coran menacent l'homme de feu, c'est-à-dire qu'ils préviennent que cela est possible. Mais pourquoi? Est-ce seulement pour punir les gens pour incroyance, ou y a-t-il une raison objective? Nous allons essayer d'élargir notre conscience à la compréhension d'une personne de la sixième race et nous allons donc passer à la compréhension de nouveaux processus.

Dans nos livres nous avons écrit que les incendies peuvent être causés par certaines Substances du plan subtil. Leurs actions sont toujours concrètes et expriment la volonté des Supérieurs (quand les écoles, les maisons de retraite sont en feu). C'est le karma et la rétribution pour les mauvaises actions de l'homme.

Mais si nous parlons du quatrième Ange, un tel proverbe indique qu'une certaine Substance supérieure, nommée ici Ange, activera à un moment donné dans le programme du Soleil un nouveau processus à partir duquel le rayonnement solaire augmentera plusieurs fois. Dans ce cas ils ont augmenté mille fois. Naturellement, un rayonnement aussi puissant nuira aux personnes dont la coquille matérielle est conçue pour ses paramètres plus faibles. De nombreuses personnes auront un cancer de la peau et d'autres organes. C'est-à-dire que les personnes exposées à de telles radiations du soleil commenceront à mourir de façon intense et que près du tiers de l'humanité mourra du cancer.

Quant au premier Ange, il a activé d'autres processus dans la coquille éthérique de notre planète. Ces processus visaient à transformer les coquilles subtiles de la Terre en un nouveau spectre d'énergies envoyées par des Systèmes hiérarchiques pour la transférer à un Niveau de développement supérieur. Et l'activation de nouveaux processus s'accompagne toujours d'un changement d'autres processus dans l'atmosphère de la planète. Par conséquent, une grêle de la taille d'un œuf de poule tombe, détruit des bâtiments et tue des personnes déconcertées dans la rue. En Tchécoslovaquie, après une inondation, une grêle de la taille d'une balle de baseball est tombée. Son rugissement était tel que l'homme était horrifié, ressentant son impuissance devant les forces indomptables de la nature. La grêle mêlée de sang des gens qui tombent sous ses coups. Et c'est ce que la prédiction dit.

Et combien d'arbres brûlés dans les forêts de la région de Moscou, dans la région de Vladimir et en Sibérie, combien d'herbe et de cultures transformées en charbons ardents sur le territoire de Stavropol, il est difficile de calculer, sans rien dire sur d'autres pays. Tout ce qui avait été promis a commencé à être rempli il y a 20 ans et continue d'agir jusqu'au présent.

Mais à quoi sert tout cela? Qu'est-ce qui est caché derrière cela, quels sont les phénomènes physiques?

Analysons ce problème. Ouvrons un autre processus, caché des yeux de l'homme. La transition de notre planète vers un nouveau Niveau de développement, vers une nouvelle gamme d'énergies, nécessite sa préparation énergétique. Pour qu'un électron passe d'une ancienne orbite à une nouvelle, plus haute, il faut lui donner de l'énergie supplémentaire. Après cela, il passe sur une nouvelle orbite et commence à suivre une nouvelle trajectoire.

De même, pour que notre planète passe à une nouvelle orbitale, c'est-à-dire à un nouvel état énergétique plus élevé, elle doit également communiquer une certaine quantité d'énergie qui l'aidera à franchir le prochain Niveau énergétique.

La Terre reçoit cette énergie supplémentaire de différentes manières: les Personnalités Supérieures la transmettent à la planète par le biais de l'homme, par ses propres canaux; La Terre le reçoit grâce à l'activité accrue du soleil, que lui apportent les comètes et divers objets lumineux se précipitant vers notre planète. Tous apportent à la Terre les types d'énergie les plus différents, car elle nécessite non pas un type d'énergie, mais de nombreux types d'énergie pour la transition, mais tous doivent être d'un spectre plus élevé que ceux sur lesquels elle avait été développée auparavant. L'énergie subtile invisible à l'œil humain descend également. Autrement dit, les Systèmes planétaires supérieurs du cosmos informent par tous les moyens la planète des types d'énergie nécessaires et de la quantité requise.

En conséquence de cette préparation énergétique active de la planète en vue de la transition vers le Niveau suivant, **les couches physiques et éthériques de la Terre ont été saturées d'une énergie subtile**. La planète ne fait pas toujours face au traitement de la nouvelle énergie, car ce sont aussi des processus inhabituels pour lesquels elle n'a pas encore déterminé la vitesse de leur flux. De plus, en raison d'actes humains inappropriés, certains processus naturels ont été perturbés. De même, une personne qui mange trop, son estomac ne peut pas traiter des aliments, ce qui explique pourquoi elle a toutes sortes de conséquences négatives. Autrement dit, toutes sortes de surcharges et de violations des fonctions naturelles contribuent à perturbation de l'écoulement de processus individuels de proportions planétaires, et les conséquences peuvent en être très différentes.

Notre planète est maintenant surchargée de réception de divers types d'énergies. Elle doit les traiter et les transformer en ses coquilles subtiles. Mais il n'est pas toujours possible de les transformer à temps. C'est pourquoi toutes sortes de conséquences indésirables apparaissent sous la forme de toutes sortes d'incendies, allant des tourbières à l'herbe, en passant par les forêts et les peuplements qui sont tombés dans de telles zones avec une énergie subtile sursaturée et non traitée.

De là, combustion spontanée de certains territoires de la planète. La combustion spontanée d'une surabondance d'énergie subtile n'est pas nouvelle. De cela (un excès d'énergie subtile) même les gens s'enflamment. Dans l'histoire, il existe de nombreux cas où, pour des raisons inconnues, une personne s'enflamme spontanément et s'éteint complètement. De lui, il n'y avait que des pantoufles. Le feu était froid et ne touchait ni la maison ni le fauteuil sur lequel, disons, une personne était en feu. Les bâtiments en bois ont été épargnés par le feu et le corps humain, composé à 80% d'eau, pour des raisons inconnues, a parfois été brûlé sans laisser de trace. Le feu, pour ainsi dire, a changé ses qualités. (Et ceci confirme le contenu de la «dimension» mentionné ci-dessus. La matière dans une autre dimension a d'autres propriétés. Par conséquent, l'énergie froide peut brûler des objets matériels).

La raison de la combustion spontanée de gens était la descente par le Déterminant à son élève une grande quantité d'énergie, sa surdose. Il arrive que les Déterminants se trompent, ils ne calculent pas correctement la quantité d'énergie que l'élève est capable de traiter et de transformer en ses énergocorps subtiles. La sursaturation de la coquille éthérique d'une personne à l'énergie subtile entraîne son inflammation.

Mais le feu physique et le feu des énergies subtiles ont des capacités différentes, et ce qui n'est pas capable d'allumer une flamme physique est accessible au feu subtil.

Il existe de nombreuses raisons pour les incendies, nous ne

devons pas oublier la raison karmique que nous avons mentionné plus tôt, pour laquelle des Substances des plans subtils organisent les incendies. Les gens brûlent dans leur feu conformément à la loi de cause à effet, et leurs biens et leurs cultures sont brûlés conformément à la loi du karma. Plusieurs redonnent leurs dettes passées par le feu. Cependant, nous soulignons une fois de plus que tous les incendies à grande échelle sur Terre se produisent en raison de la sursaturation de ses coquilles physiques et éthérées avec divers types d'énergie et de l'incapacité de la planète à les traiter à la bonne vitesse en raison de la perturbation humaine des processus individuels.

Donc, il y a des raisons objectives pour tout.

FOL-EN-CHRIST

Depuis des temps historiques, on connaît des saints et des sots infirmes, qui ont été identifiés aux saints et les ont traités de manière particulière. D'où venaient-ils et pourquoi était-il nécessaire d'élever certaines personnes malsaines au rang de saints?

Tous les fols, infirmes, invalides sont des âmes karmiques. Ils ont été inculqués à des corps défectueux pour travailler leur karma personnel. Dans les vies antérieures ces individus se sont comportés de manière inappropriée, mais le karma permet à un humain de corriger des erreurs et de rester dans les rangs du Système positif de Dieu. Tous ceux qui ont commis beaucoup d'erreurs et qui ont commis beaucoup d'erreurs sont sujets à correction, leur âme a donc été insérée dans un corps défectueux pendant toute une vie, de sorte que l'âme soit tourmentée et purifiée par la souffrance, produisant l'énergie qu'elle n'a ni modifiée ni gaspillée dans une vie passée. Le développement des dettes énergétiques et l'exaltation de l'âme se passe à travers les tourments et les souffrances. Tout un programme a été développé pour que cette âme, mise dans un corps laid, fonctionne à travers certaines situations, des types d'énergies strictement spécifiques qu'elle devait dans sa précédente incarnation et sans laquelle elle ne peut pas s'élever plus haut, continuant son chemin évolutif dans le Système positif de Dieu.

Toutes les invalides, fols en Christ et infirmes ont l'air très désagréable et provoquent le rejet et une profonde hostilité chez les gens en bonne santé. C'est maintenant à partir du moment où le régime soviétique a commencé à inspirer les jeunes générations qu'il fallait épargner et aider ces personnes infirmes. Et avant, personne n'était engagé dans des objectifs éducatifs aussi nobles. La société était sauvage et égoïste. Par conséquent, cela tuerait simplement tous les estropiés et ceux qui ont au moins quelques déviations dans leur développement physique. Les gens ne laisseraient pas les estropiés travailler leur karma. Et les Supérieurs ont besoin de ces gens pour régler leurs péchés et leurs énergodettes. Pour eux, ils ne sont pas encore complètement perdus, et c'est pourquoi les Supérieurs, luttant pour chaque âme, ont développé des programmes complets pour les aider à retourner à Dieu.

Pour que la société permette aux infirmes de mener à bien leur programme et non de les tuer prématurément, les Supérieurs devait créer une légende sur le caractère sacré de certains d'entre eux et doter les infirmes individuels de la propriété de prédicteurs ou de guérisseurs. Il y a donc des fols-prophètes et des fols-guérisseurs.

La présence de propriétés inhabituelles que d'autres personnes n'avaient pas les élevait au-dessus des autres et les amenait à croire en leur sainteté et au fait qu'elles étaient marquées par Dieu. Par conséquent, la société n'a pas tué de telles personnes, mais les a aidées, des personnes ont essayé de leur faire l'aumône et ont ainsi contribué à leur existence, elles ne mourraient de faim. Et en respectant un fol-prophète et un fol-guérisseur les gens ont involontairement commencé à traiter gentiment tous les autres.

De cette manière, les Supérieurs ont contribué à répandre dans la société l'opinion selon laquelle il faudrait aider les estropiés et en prendre soin.

Maintenant, les Supérieurs disent ouvertement qu'ils sont des âmes karmiques, dans l'espoir que **le Niveau de compréhension des gens et de leur humanité a tellement augmenté** que le fait de connaître la vérité sur le passé d'une personne ne lui permettra pas d'être blessé. Oui, nous savons que ces personnes ont vécu injustement, vicieusement, ont commis beaucoup d'erreurs, mais cela ne signifie pas que nous devrions leur donner des coups de pied, nous moquer d'eux, s'en foutre, etc. Le fait que leurs âmes soient dans des corps laids est déjà une punition énorme pour eux, qui peut être comparée à l'emprisonnement à vie d'une personne. Seule la caméra à perpétuité devient le corps physique lui-même.

La société, sachant qu'il s'agit d'un coupable, doit faire tout son possible pour l'aider à réaliser son programme dans un corps estropié, à devenir une personne à part entière dans les générations à venir.

Il est tout à fait normal que les personnes handicapées ne soient plus méprisées, mais essayez de les soutenir de toutes les manières possibles, même en organisant des compétitions en fauteuil roulant, donnant ainsi à ces âmes l'opportunité de croire en leurs capacités - leur capacité à surmonter toutes les difficultés et le besoin de se battre pour obtenir les meilleures performances, pour la victoire, quelque chose de bien. Cela aide l'âme à développer des qualités positives et en même temps à s'acquitter de ses dettes passées.

Toute société civilisée doit aider ses membres, quel que soit leur état, à résoudre leur karma passé, à éviter les erreurs du présent et à pouvoir progresser et acquérir de nouvelles qualités.

POURQUOI LA SIXIÈME RACE A-T-ELLE BESOIN DE LA FAMILLE?

Nous avons écrit dans nos livres que la famille, en tant que cellule de la société et pilier de chaque état, demeure dans la civilisation humaine à l'époque du Verseau. Il y a plusieurs raisons pour lesquelles la famille continuera d'exister dans la prochaine, sixième race.

1. La première raison est que les **âmes** ne sont pas encore passées à l'existence éternelle, la réincarnation continuera. Par conséquent, **les âmes sont obligées de continuer leur développement sur Terre dans le corps physique**. Et pour cela, ils auront besoin de coquilles matérielles, puisqu'un costume est nécessaire pour un plongeur qui descend au fond de la mer. Mais seule la famille est capable de fournir de telles combinaisons aux âmes par l'auto-reproduction. Des sept coquilles de l'homme seul la physique a la capacité de reproduire son propre genre.

Les coquilles matérielles continuent d'être des constructions temporaires pour l'âme, puisque la matière terrestre elle-même n'a pas encore atteint le Niveau auquel elle est capable d'exister indéfiniment. Si la dernière condition était remplie, l'âme pourrait alors se développer dans un corps physique aussi longtemps qu'elle n'atteindrait pas ces indicateurs d'énergie, grâce à laquelle elle pourrait entrer dans l'existence éternelle et ne plus retourner sur Terre.

2. Et comme le corps matériel n'est donné que pour une vie, et qu'il lui faudra franchir plusieurs étapes, **la deuxième raison apparaît:**

la nécessité de reproduire constamment des coquilles matérielles pour les âmes nouvellement incarnées.

Et la reproduction par les coquilles physiques de constructions similaires ne peut être assurée que par la famille. **Seuls des liens constants entre un homme et une femme, c'est-à-dire entre des époux, contribuent à la préservation du code génétique du corps.** Toutes les connexions instables entraînent sa dégénérescence, qui est accompagnée d'une augmentation du nombre de maladies diverses et de l'apparition de malformations. Ce n'est que la famille qui est capable de fournir les connections stables.

3. **La troisième raison est l'éducation des âmes** dans la direction requise pour un Système positif. Seule une famille bien organisée est capable de créer les conditions nécessaires à la progression positive des âmes. **La famille développe de nombreuses qualités positives chez une personne et, surtout, elle développe une qualité telle que l'unité, la capacité à établir des relations pour un objectif commun d'existence et de bien-être.** Il développe dans les âmes la qualité du véritable amour et la responsabilité de la vie et du développement des autres.

Par conséquent, les exigences de la famille ne faiblissent pas dans le futur mais augmentent. La famille devient de plus en plus morale et hautement organisée.

ÂGE INGRAT DES ADOLESCENTS - 14 ANS

L'âge de 14 de l'enfant ou la période de 12 à 18 ans - la période de formation du caractère de l'adolescent - on considère comme l'âge ingrat. Avant cela, il semblerait qu'un enfant calme commence soudainement à devenir impoli, à désobéir aux parents et aux enseignants, à commencer à faire des choses qui mènent les autres à la confusion et à l'indignation. Pourquoi cela se passe-t-il?

Il convient de noter quand même pas tous subit l'âge ingrat de manière violente et perceptible. Plusieurs adolescents le passent calmement et d'autres ne remarquent rien de provocant dans leur comportement.

Le comportement des enfants est toujours influencé par leur Niveau de développement, c'est-à-dire les qualités qu'ils ont réussi ou qu'ils n'ont pas eu le temps d'acquérir. À 14 ans (certains plus tôt, à partir de 10 ans), le programme de vie de l'enfant passe à l'âge adulte et assimile le monde qui l'entoure, des relations avec les gens, la société, les animaux, la nature.

Jusqu'à l'âge ingrat, de nombreuses qualités de la matrice d'une personne sont bloquées, fermées. L'enfant est souvent artificiellement imposé au comportement d'un enfant calme. Le caractère les enfants est souvent calme, ils sont subordonnés aux adultes et ne se manifestent pas particulièrement en dehors de la famille. Pour que le parent puisse aimer son enfant, ses qualités négatives antérieures lui sont partiellement fermées et le programme impose un style de comportement acceptable aux parents. (Les mauvais comportements des enfants dès leur plus jeune âge sont donnés aux parents à différentes fins, par exemple, pour qu'ils apprennent à gérer des caractères complexes, à les subordonner à leur volonté et à les diriger vers Dieu).

Et à l'âge de 14 ans (ou un peu plus tôt), en reliant l'enfant à l'âge adulte, ils lui révèlent une partie des qualités nouvelles qu'il a acquises dans le passé, **qu'il convient de développer davantage ou de traiter**, en les transformant de négatives en positives. (Par exemple, l'agitation est transformée en réalisations sportives, la lâcheté en prudence et une évaluation objective de ce qui se passe, etc.).

S'il s'agit d'une jeune âme, de nombreuses qualités négatives sont révélées dans sa matrice. Par conséquent, un tel enfant change radicalement son caractère. Tout ce que le programme qu'il contient est maintenant ouvert. Et comme il s'agit d'une jeune âme, elle n'a pas encore appris à maîtriser ses qualités, elle ne sait pas quelles actions la mèneront au bien, ni quelles actions mèneront au mal et aux problèmes. Ne se comprenant pas, un tel individu commence à faire n'importe quoi. Les enseignants et les parents devront travailler beaucoup pour apprendre à l'adolescent le bon comportement à adopter pour jeter les bases de qualités positives de caractère et de talent.

Mais la plupart des âmes moyennes et élevées subsistent l'âge ingrat calmement, sans choc. Lorsqu'elles découvrent des qualités supplémentaires de la matrice pour la vie, puis, compte tenu de leur expérience de vie plus longue dans le passé, elles comprennent mieux ce qui se passe autour d'eux, savent comment réagir correctement à certains aspects de la vie et au comportement des autres. Elles sont déjà capables de résoudre correctement les situations de la vie de leur niveau. Tout dépend donc de l'expérience passée de l'âme.

EN DIFFÉRENTES LANGUES

Les personnes qui connaissent plusieurs langues les connaissent à des degrés divers de perfection. Une personne parle mieux une langue, pire en parle une autre. Et cela pourrait s'expliquer par la différence dans la pratique de leur utilisation. Une personne peut parler une langue de plus, en parler une autre moins, et elle apprendra la troisième mais en raison des circonstances de la vie, elle ne pourra pas l'utiliser.

Cependant, un polyglotte a remarqué une caractéristique étrange dans l'utilisation des langues. Dans la vie ordinaire il parle une langue, dans sa langue maternelle; mais il préfère de penser dans une autre langue; de faire des calculs mathématiques - en la troisième; et dans les moments de stress, il exprime toutes ses expériences émotionnelles dans une quatrième langue. Et il ne comprend pas pourquoi il se passe comme ça.

Nos connaissances nous permettent de comprendre cette situation.

Tout s'explique par ses incarnations passées et le déblocage de certaines cellules de la matrice de mots. Dans la vraie vie, il a 4 langues débloquées pour pouvoir continuer à les améliorer à ce stade de développement. Et l'homme les étudia vraiment, se concentrant sur la connaissance de plusieurs langues à la fois. Cela faisait partie de son programme.

Mais il a commencé à étudier ces langues dans des vies antérieures, et le degré de les apprendre était différent pour lui: certaines qu'il maîtrisait davantage, d'autres moins. C'est-à-dire qu'il a commencé à établir une hiérarchie de qualité pour chacune de ces langues, et dans une hiérarchie, supposons qu'il ait construit 10 Niveaux, dans l'autre - 5, dans le troisième - 20, etc. C'est pourquoi il parlera mieux la langue construite à un niveau supérieur, et celle construite avec moins de niveaux il parlera pire. Et comme il devait finir de les construire à une hiérarchie complète, leur étude a été inclue dans son programme pour poursuivre.

Mais ici, pour expliquer son phénomène, il est également nécessaire de savoir **qu'il a vécu sa vie passée d'une manière complètement différente**. Dans une vie, il a dû apprendre les mathématiques et il l'a compris en apprenant à devenir professeur de mathématiques. Et la langue qu'il maîtrisait dans la vie réelle avait jusqu'ici acquis peu de concepts nécessaires pour un calcul rapide (il n'avait appris aucune formule, aucune règle, il lui était donc difficile de compter eh une langue actuelle). Par conséquent, pour tout calcul, il passait automatiquement en la langue réelle à celle en laquelle il étudiait mieux les mathématiques, il avait le plus de mots et de processus associés aux calculs mathématiques en cette langue. **C'est-à-dire que, conformément à la qualité de son métier, la langue qu'il a apprise était colorée en qualité mathématique.**

Dans la vie réelle, il n'étudiait pas les mathématiques dans un établissement d'enseignement supérieur et ne disposait pas de chiffres ni de processus de comptage rapide dans la matrice linguistique des mots de la langue réelle (ou ceux-ci étaient très peu développés), il a automatiquement utilisé cette cellule pour calculer une matrice dans laquelle plus de concepts mathématiques ont été accumulés. Dans cette vie, il possède peut-être de petites connaissances en mathématiques, mais il gagne toujours un énergopotentiel énergétique. Par conséquent, à partir de deux cellules ouvertes, la cellule qui a le plus grand potentiel si les deux sont ouvertes sera incluse dans le travail. Par conséquent, la cellule dans laquelle il a travaillé en tant que mathématicien est activée et, comme les connaissances sont acquises dans une autre langue, il reproduit cette langue.

La qualité de la langue est nécessairement influencée par l'expérience passée d'un individu dans la profession, dans des situations optimales. S'il vivait une vie simple, toutes les situations en lui visaient à éveiller des émotions en lui, à développer la sensualité. Par exemple, son être cher est mort, puis il a été licencié, puis accusé de manière injustifiée de vol ou autre chose, les enfants ont commencé à le scandaliser sans cesse. Autrement dit, toutes ces situations sont basées sur des expériences personnelles. En conséquence, il a développé la qualité des expériences, son âme est devenue très sensible émotionnellement. Mais il a développé des concepts associés à cette langue.

Quoi qu'il se passe maintenant dans une autre vie, il fera l'expérience de chaque bagatelle, continuant de renforcer la sensibilité de l'âme.

Mais comme il a le plus souffert dans sa vie (passée) avec le maximum de toutes sortes de situations difficiles, tous les concepts pertinents ont été imprimés dans la matrice de mots dans la langue dans laquelle il parlait alors. Par conséquent, dans la vraie vie, il utilisera

34

précisément ce langage avec des explosions émotionnelles, car la cellule avec la qualité des expériences est débloquée. S'il était fermé d'en Haut, il utiliserait alors les concepts d'expériences accumulées dans la vie réelle. Mais lorsque deux cellules avec des concepts linguistiques sont ouvertes, alors automatiquement l'âme utilisera cette cellule dans laquelle un plus grand énergopotentiel de cette qualité est accumulé. Et comme le potentiel le plus important est construit verbalement dans une autre langue, il sera inclus dans le travail si nécessaire en premier lieu. Par conséquent, dans les moments de stress et de forte agitation, une personne commence à s'exprimer émotionnellement dans une autre langue.

Comme on le voit, il s'avère que la langue a toujours une couleur de qualité, ce qui lui confère certaines fonctionnalités lorsqu'elle est utilisée. Il est expliqué de manière similaire que l'individu pense mieux dans la langue qu'elle a acquise à la suite d'une activité philosophique ou d'écriture dans l'une des incarnations du passé. S'il travaillait constamment comme écrivain, philosophe, la matrice du mot améliorait davantage cette qualité et la construisait dans la langue qu'il avait ensuite parlée dans le passé. Le potentiel puissant du contenu philosophique a été accumulé. Par conséquent, il est plus facile de penser une telle personne dans cette langue. La capacité de penser, de penser à quelque chose est une qualité distincte. Les âmes basses ne l'ont pas, elles ne sont généralement pas capables de penser, encore moins de penser à quelque chose.

Ils savent juste comment parler en raison de l'activation d'un programme d'auto-apprentissage donné pour cette vie. Ils ne savent pas penser parce qu'ils n'ont pas encore développé de **Matrice de concepts**. Elle est vide, il manque des concepts liés aux situations de la vie humaine, de la société. Et pendant qu'ils les accumulent lentement. Seule un individu qui a construit certaines qualités dans la matrice des concepts est capable de penser, de réfléchir. C'est pourquoi les Supérieurs disent que les gens ont différentes structures subtiles, ou plutôt énergétiques.

Pourquoi un individu préfère-t-il parler la langue qu'il a apprise depuis son enfance, de manière compréhensible et sans explication?

MAITRISE DE LA LANGUE PAR UN ENFANT

S'agissant de la maîtrise de la langue d'un homme après sa

naissance, les scientifiques ont été divisés en deux camps, chacun proposant sa propre hypothèse. **Certains** soutiennent que l'enfant apprend la langue à partir de zéro, les mots sont enregistrés comme sur une cassette vierge d'un magnétophone. Un mot a été enregistré et l'enfant l'utilise plus avant. De nombreux enfants se souviennent bien de certains mots et de phrases entières tirés de publicités ou de leurs parents, puis, ne comprenant pas leur sens, s'appliquent directement au cours de la communication avec une personne, quel que soit le cas.

Par exemple, un garçon de 4 ans a souvent utilisé la phrase préférée de son père, "Porcelet en sait plus!". Il l'a utilisée partout, sans comprendre, mais il a réussi. Par exemple, lorsque l'enseignant de la maternelle a posé la question suivante aux enfants: «Quel genre d'oiseaux vivent-ils dans le village?», Il a immédiatement inséré: «Le porcelet en sait plus» ce qui l'a offensée. Et quand une amie de la mère, la rencontrant dans la rue, flirtant avec l'enfant, lui a demandé: «De quoi sommes-nous si sérieux?», Il a également prononcé la même phrase, qui l'offusquait. Mais l'enfant parla, ne comprenant pas le sens de ce qui était dit, juste pour répondre quelque chose. Il a inclus une mémoire d'enregistrement temporaire qui n'était pas liée à des concepts, donc les mots reproduits ne correspondaient pas aux réponses nécessaires. Il vient de passer à enregistrer automatiquement cette phrase sur sa "bande".

Sur la base de telles observations, ce groupe de scientifiques a conclu que chaque bébé avait naturellement une "bande" propre sur laquelle étaient enregistrés les mots utilisés plus tard par l'enfant pour communiquer avec son entourage. L'enfant entend le mot - il est écrit tout de suite et continue ainsi l'autoapprentissage et l'accumulation dans le vocabulaire, ainsi que dans les sons et les concepts.

Les autres scientifiques affirment qu'un certain algorithme d'apprentissage est défini par la nature, c'est-à-dire les principes fondamentaux de la maîtrise de la parole, et que donc l'enfant est capable de maîtriser n'importe quelle langue, quelle que soit sa complexité (chinois, japonais, anglais, etc.).

Alors qui a raison? Nous dirons que, dans une certaine mesure, ils ont tous les deux raison et tort dans certaines parties de leurs déclarations. Nous allons essayer de les combiner avec nos explications.

En effet, chaque enfant commence à enregistrer des mots et des sons sur un appareil d'un plan subtil, intégré dans la construction de son corps par les Créateurs Supérieurs. Et cet appareil peut être appelé un «magnétophone». Mais un programme d'autoapprentissage est aussi nécessairement donné, ce qui permet de corriger les mots et les sons individuels, en concentrant l'attention de l'enfant sur quelque chose de spécifique. Après tout, l'enfant n'enregistre pas tout dans une rangée, pas les mots qu'il a entendus, mais seulement ceux qu'il est capable de percevoir énergétiquement. Des mots complexes comme «turbulence, transcendance, transmission», il n'apprendra pas si son âme ne correspond pas à l'énergopotentiel de ces mots selon le Niveau de développement. Même à l'âge adulte, de nombreuses personnes de bas Niveau ne sont pas en mesure de se souvenir de ces mots et de les utiliser correctement dans leur discours.

C'est-à-dire que chaque Niveau de développement humain, et plus précisément plusieurs Niveaux, possède également son propre dictionnaire, un certain ensemble de mots construit sur leur énergopotentiel d'âmes. Il ne pourra pas apprendre et comprendre tous les mots qui se trouvent au Niveau supérieur à la personne elle-même, car ils ne lui correspondent pas en termes de paramètres énergétiques.

Le programme d'autoapprentissage et la «bande» sont conçus pour enregistrer principalement des mots de tous les jours qui permettent à l'enfant de s'habituer à l'environnement dans lequel il est placé et d'établir un contact informationnel avec l'environnement. Tous les mots de tous les jours sont conçus pour le faible potentiel des âmes, afin que chaque enfant puisse les apprendre.

Mais même cet énergopotentiel bas des mots est maîtrisé par certaines jeunes âmes, certains enfants ne parlent pas avant deux ou trois ans. Mais alors, quand le vocabulaire est accumulé par eux, ils peuvent être très bavards, ce qui peut être considéré comme de l'éloquence. Cependant, il ne s'agit que du bavardage accordé à une personne spécialement pour le développement de la parole humaine et l'acquisition de compétences en communication verbale, ses révolutions, ses concepts et sa capacité à exprimer ce qu'il a vu et entendu à l'aide de son appareil de parole.

Si un individu n'avait pas de programme, alors tout ce qu'il entendait, tous les sons, comme lorsqu'il s'agit d'enregistrer sur une vraie cassette, seraient enregistrés sur sa «bande». Mais le programme d'autoformation offre une certaine sélectivité dans la maîtrise des mots. Au début, elles sont enregistrées automatiquement et ne contiennent que celles qui sont nécessaires à la vie de l'enfant à ce stade de son développement. Tout le reste n'est pas enregistré, mais jeté comme inutile. Aussi intelligents que soient les mots, pour le jeune âge, ce sont des ordures qui sont vidées de l'enregistreur. À un stade précoce, il a besoin d'autres mots et c'est sur eux que le programme d'autoapprentissage va attirer l'attention de l'enfant.

Si, automatiquement, un mot ou une phrase parvient à glisser sur la bande d'enregistrement, ils ne le resteront pas de toute façon. La «bande» d'un enfant a la propriété que tout ce qui n'est pas compris ou compris ne disparaît pas. Cette bande réagit aux fréquences des énergies d'un mot exprimées par le son. Et le programme règle les fréquences à enregistrer et celles qui passent. Le programme d'auto-apprentissage de l'enfant est nécessairement associé à une matrice de mots et de concepts.

Les premiers mots sont écrits automatiquement, et le reste de l'enfant doit apprendre à comprendre, doit leur associer certains concepts. Sur une cassette d'enregistrement, seuls les mots compris par la conscience et sur la base desquels certains concepts sont développés, entrent dans la matrice. Il est important que l'âme apprenne à développer des concepts basés sur des mots qui construiront sa **Matrice personnelle de concepts**. Tout ce qui n'est pas compris, pas compris, disparaîtra des mots enregistrés.

Ainsi, le bébé enregistre des mots à partir de rien, selon les premiers scientifiques, mais la connaissance de la langue repose sur un programme d'autoapprentissage et un programme de personnalité, ce qui correspond à la déclaration du deuxième groupe de scientifiques qui prétendent avoir un certain algorithme d'apprentissage. C'est-à-dire que les scientifiques ont appris deux parties différentes d'un même ensemble, mais ne pouvaient pas les combiner.

Les programmes dirigent l'étude sur les bons mots, et les bons sont déterminés par la plage de fréquences dans laquelle ces mots sont construits. Si l'âme est à l'écoute d'un spectre d'énergies bas, elle sera capable de maîtriser et de se rappeler les premiers mots bas, et toutes les voix hautes construites à des fréquences d'énergies élevées ne seront pas absorbées par elle. Ils ne pourront pas s'en souvenir plus de deux ou trois jours. Les âmes hautes rejetteront immédiatement les mots bas, car leurs programmes sont conçus pour maîtriser les mots d'un grand nombre d'énergies et comprennent normalement tous les mots qui portent la connaissance et les concepts de leur Niveau. Le programme et les qualités déjà acquises de l'âme dictent tout. (Comment fonctionne le programme d'auto-apprentissage, lisez le livre «Phénomène de l'âme ou comment atteindre la perfection», chapitre 3).

Si nous comparons la façon dont la jeune âme incarnée sur Terre seulement 2 à 3 fois maîtrise la parole, et une âme mature, incarnée 50 à 100 fois, alors le progrès de la seconde âme mature sera perceptible. Puisque la matrice de concepts et la matrice de mots, dans lesquelles il y a des accumulations faites dans des incarnations passées, sont déjà liées au développement du langage en elle. Un tel enfant sera plus intelligent, comme on dit, dès le berceau. Prenons l'exemple des mêmes prodiges qui lisent de longs vers depuis un an. Après trois ans, ils sont capables de faire des additions mathématiques complexes et de composer des poèmes. C'est-à-dire que les jeunes âmes dès l'âge de trois ans commencent tout juste à dire "Papa, maman, donne" et que les âmes mûres lisent de la poésie.

Les enfants prodiges ne sont pas des enfants particulièrement doués, mais ils sont simplement des âmes bien mûres qui ont vécu sur Terre dans de nombreuses incarnations. Par conséquent, ils ont presque construit beaucoup de leurs qualités, les ont amenés à la perfection, et à partir de là, ils sont capables de comprendre ce que les jeunes âmes qui leur sont inférieures en temps de développement ne comprennent pas.

Les différences dans la maîtrise du langage de l'âme dépendent du Niveau de développement de l'âme, ce qui signifie qu'elles dépendent de la construction de l'âme elle-même. Un individu a une matrice de concepts, mots, qualités, lois, temps, qui travaillent ensemble.

Mais les animaux, les oiseaux et les poissons ne disposent pas de la matrice de mots, ils ne peuvent donc pas parler. Mais comme ils ont une matrice de concepts, les animaux en comprennent beaucoup sur leur propre vie. Ils comprennent bien les humains, mais pas autant que certains scientifiques le disent, mais bien l'intonation des sons. Un chat, un chien n'a pas de matrice de mots, de sorte qu'un chat ne peut rien dire sauf «miaou», et un chien ne peut rien dire sauf «woof», bien qu'ils aient le même appareil de parole qu'un homme. Ils ont la gorge, la langue. C'est-à-dire qu'ils prononcent un certain son, que nous percevons précisément dans une expression aussi littérale. Mais ces sons leur sont donnés par un programme qui détermine le comportement de l'animal. Le programme définit qui va aboyer, qui va grogner, qui va tweeter ou triller. Et les matrices de mots ne sont pas impliquées ici.

Mais qu'en est-il des perroquets, diront certains? Ils savent comment prononcer des mots, répéter des phrases après des gens.

Il faut dire que compte tenu du fait que la cinquième race achève son développement et que des méthodes sont nécessaires pour accélérer la progression des âmes, les Supérieures expérimentent avec le système de signalisation pour l'auto-entraînement de certains oiseaux.

Les perroquets, les canaris et les corbeaux suivent des programmes spéciaux d'auto-apprentissage expérimentaux. Ils enregistrent automatiquement certains mots dans la mémoire temporaire. Cependant, ces mots ne sont pas associés à une matrice de concepts. Un perroquet ou un canari répète les mots sans en comprendre le sens. Dans le monde animal, les signaux et le système gestuel fonctionnent: le chien découvre ses dents - fait peur; remue la queue - salue quelqu'un; resserré sa queue - a peur. La pose d'intimidation ou de soumission remplace les mots de l'animal. Et cela est intégré dans leur programme de comportement.

La répétition des mots d'autres gens par certains oiseaux produit la qualité de la capacité d'assimiler et de reproduire les sons via un système de signalisation qui fonctionne chez les animaux et les oiseaux. Et la matrice du mot est absente. Les Créateurs Supérieurs ne s'arrêtent jamais après avoir créée quoi que ce soit. Ils améliorent constamment tout, créent de nouveaux, donc, il y a toujours des exceptions aux règles dans le monde. Mais ces exceptions aident les Supérieurs à trouver de nouveaux moyens d'accélérer la perfection des âmes.

EST-CE QU'IL EXISTE UNE FORME D'EVOLUTION

L'embryon d'un fœtus humain franchit les jalons évolutifs du développement de la forme biologique sur Terre, des amphibiens aux humains, en passant par les mammifères. Et les scientifiques ont toujours supposé, sur la base de leur étude pratique de ce processus, qu'une forme matérielle est capable de se transformer indépendamment en une autre, comme cela se produit chez un fœtus. Il y a une auto-organisation de la matière en une forme supérieure.

Cependant, les Maîtres Célestes donnent une image différente de l'évolution des formes terrestres. Une forme n'est pas capable de se transformer en une autre forme d'un Niveau supérieur, et donc d'une structure plus complexe. Pour que cette transformation ait lieu, l'intervention des Concepteurs Supérieurs est requise.

Le fait que l'embryon soit transformé d'une forme à une autre est enchâssé dans le programme de la coquilles matérielle d'une personne, dans son code génétique, pour montrer l'évolution de l'âme sur Terre, en passant par son développement à travers ces formes physiques en tant que Niveaux. Ce n'est pas la matière elle-même qui évolue, mais l'âme à travers elle. Et chaque forme est un organisme indépendant, utilisé comme étape du développement, étape de l'ascension de l'âme le long de l'échelle du développement. Toute forme est conçue pour un Niveau de développement (ou un sous-niveau) et est donc construite de manière fonctionnelle en fonction de la gamme de ses énergies

Pourquoi, alors, la forme, disons, d'un crocodile ne peut pas se transformer avec le temps en un loup et un dauphin en un éléphant? Nous n'observons pas en quelque sorte des ours ou des chevaux transformés. Ils sont tous deux apparus une fois et continuent à rester sous la même forme. Personne n'a développé une queue ou une jambe supplémentaire.

La forme est créée par les Développeurs supérieurs d'organismes vivants à partir du calcul de son travail avec la plage d'énergie de son Niveau et elle n'est pas capable de se transformer seule en une forme supérieure, car celle du bas ne peut pas savoir quels processus opèrent dans le Monde supérieur. Par exemple, un humain avec toute son intellectualité ne sait pas comment les Substances vivent au premier Niveau de la Hiérarchie de Dieu et comment il peut se "transformer" en leur forme, et que pouvons-nous dire du lièvre ou du renard. Et n'est-il pas suspect que la nature, qui n'a pas de raison, opère de telles transformations, et un humain qui se considère comme un génie n'est pas capable d'effectuer de telles transformations. Tout ce qu'il peut faire, c'est croiser un poulet avec une oie. Mais il est difficile de dire si quelque chose de raisonnable en découle. C'est-à-dire qu'en parlant de cela, nous voulons amener la conscience du lecteur à comprendre que sans l'Esprit Supérieur, aucune transition de forme d'une forme à une autre n'est possible.

L'évolution de la forme est contrôlable et planifiée d'en Haut, tout comme l'évolution de tout en général.

Certaines formes sont conçues pour le spectre d'énergie inférieur d'un niveau donné, d'autres - pour le spectre moyen du même Niveau et d'autres encore - pour le spectre supérieur du même Niveau. Et ensemble, ils forment une gamme d'énergie qui est élaborée par les âmes qui passent par ce stade.

Supposons que 3 types de formulaires soient développés pour un Niveau, 8 types pour le suivant, etc. Le nombre de formes travaillant avec un Niveau, mais avec différents types d'énergies, peut être multiple, en fonction de ce que ce Niveau devrait donner de plus à la planète, au monde environnant. Et de telles formes de même Niveau, mais travaillant sur différents types de ses énergies, sont capables de se transformer légèrement les unes dans les autres dans un ordre croissant. Mais toutes les transformations ne sont autorisées que dans un seul Niveau.

Tout d'abord, toute forme a un but de création, c'est-à-dire qu'elle est créée pour quelque chose de spécifique. Elle a un but, et par conséquent tout son développement, sa structure et son activité fonctionnelle sont soumis à cet objectif. Tout écart par rapport à l'objectif de développement est détruit en tant que mariage. Mais tout est dans la continuité et les Supérieurs utilisent toujours l'expérience passée pour progresser dans le futur.

À cet égard, toutes les formes sont technologiquement basées sur une gamme spécifique d'énergies, et donc sur leur potentiel, leur puissance et d'autres caractéristiques énergétiques. Et pour pouvoir travailler avec une gamme d'énergies différente, la forme doit être calculée technologiquement pour d'autres paramètres, d'autres caractéristiques énergétiques. La matière elle-même n'est pas capable de se transformer en un état supérieur, capable de travailler avec une gamme d'énergies différente.

Seul l'Esprit Supérieur peut le faire par des calculs spéciaux et le programme donné à cette forme.

De plus, la forme est obligée de remplir certaines fonctions pour ce monde, elle est obligée de servir le monde, par conséquent, sa structure doit obéir au but de son existence. Autrement dit, il existe de nombreux facteurs que l'auto-organisation de la question de la forme ne peut prendre en compte. Même si on imagine que sous l'influence de l'environnement, du fait de l'adaptabilité à ses changements, certaines formes commencent à changer, ils le feront sans tenir compte de la nécessité de suivre l'objectif de développement de l'âme et d'augmenter ses indicateurs énergétiques.

Bien entendu, les scientifiques peuvent objecter qu'il est toujours possible de transformer un têtard en poisson dans l'embryon. Mais ce n'est que de l'auto-illusion. La forme de la voiture Zhiguli est similaire à celle de la Volga, mais jamais la Zhiguli ne peut devenir la Volga, et le vélo ne peut pas devenir une moto, bien qu'ils soient similaires. Elles doivent être converties de manière constructive, les caractéristiques techniques des machines doivent être modifiées et, pour cela, le même recalcul, effectué uniquement par l'esprit humain, sera nécessaire. Depuis que les roues sont apparues, elles sont passées par différentes formes techniques. Et on pourrait aussi dire que le vélo lui-même a été transformé en une moto, la moto en un Zhiguli, et ceux en une Volga, en une locomotive à vapeur, etc. Mais nous savons déjà comment chaque forme technique est améliorée, combien de concepteurs et de compteurs travaillent dessus. Il en va de même avec d'autres formes matérielles. Chacune possède des caractéristiques techniques et des paramètres dans lesquels elle devrait fonctionner.

Chapitre 2

FORMULE D'ÉVOLUTION

L'évolution est un mouvement vers l'accumulation d'un potentiel énergétique. Maintenant, il ne suffit plus de dire que l'évolution est un mouvement en avant. Mais qui peut déterminer où la direction est «en avant», et où est «en arrière», où dans l'espace est le haut et où est le bas?

Le développement a généralement lieu simultanément dans toutes les directions, c'est-à-dire d'une manière volumétrique. Et le haut et le bas sont déterminés uniquement par la direction du mouvement des basses fréquences de développement vers les hautes fréquences. Les basses fréquences sont toujours basses pour une âme en évolution, et les hautes fréquences sont hautes. Par conséquent, du point de vue des nouvelles connaissances «en avant», il s'agira également d'un mouvement vers les types d'énergies élevés et «en arrière» vers les basses fréquences d'énergies.

L'évolution est un mouvement des basses fréquences aux hautes énergies.

L'évolution s'accompagne de croissance, d'accumulation d'énergie et sa perte est une dégradation.

Après avoir clarifié les points principaux, on peut dire que la formule d'évolution consiste en une accumulation constante de divers types d'énergies par l'âme ou par tout état vivant à des fréquences croissantes.

À PROPOS DU LIVRE PERDU DE NOSTRADAMUS

Le destin de l'homme est écrit bien avant sa naissance.

7 illustrations principales du livre perdu de Nostradamus

En essayant de résoudre un problème, les gens se pose souvent mentalement une question et il leur arrive de recevoir rapidement une réponse par le biais de faits de la vie sociale ou d'informations qui leur parviennent. Ce Maître Céleste l'aide à recevoir une réponse dans son expression matérielle.

Par exemple, un lecteur m'a dit lors d'une réunion qu'il se demandait souvent ce qu'est l'âme, si vous ne le considérez pas comme un simple tas de matière subtile. Et une fois un désir irrésistible s'est réveillé de lui d'aller à la librairie centrale. Il est sorti, a acheté une sorte de livre ésotérique, mais quand il est arrivé à la maison, il n'a pas trouvé la réponse. Un autre désir l'attira de nouveau dans le même magasin et, encore une fois, le livre acheté ne le satisfit pas. Et seulement quand il est venu dans le même magasin pour la troisième fois et a soigneusement examiné toutes les étagères, puis en dessous, presque sous le comptoir, il a remarqué notre livre "Âme et les secrets de sa structure". Et quand, rentrant chez lui, il commença à le lire, il réalisa que c'était le Maître Céleste qui l'avait inspiré à aller à la librairie pour trouver ce livre en particulier. Ce livre a pu répondre aux questions qui l'intéressaient.

De même, une question m'est parfois posée dans ma tête: «Sommes-nous de vrais messagers et pourquoi n'en parlons-nous nulle part?». Et maintenant le moment est venu où les séries nécessaires ont été écrites, nous avons achevé nos tâches devant les Supérieurs. Il reste à finir un peu. Et seulement après cela, j'ai eu une réponse à ma question.

 La chaîne TV-3 (09.09.2009 à 21h30) a diffusé le film "Nostradamus 2012" (auteur du film Aromchtam), racontant l'histoire du Livre Perdu de Nostradamus. Pour la première fois, ses prédictions apparaissent sous la forme d'illustrations réalisées à l'aquarelle. Ils ont été comptés 72. Je citerai les données de ce film, reprises dans la séquence dont j'avais besoin pour fixer l'attention sur les faits qui m'intéressaient.

«Le livre perdu de Nostradamus a été écrit par lui au 16ème siècle. Ce livre a été transféré au cardinal Barbirini en 1625. Il a été caché pendant de nombreuses années par l'église et n'a été retrouvé en Italie, dans la bibliothèque de Rome qu'en 1888.» Un des commentateurs du film a déclaré que le livre avait été retrouvé au moment opportun et que rien n'était accidentel, et que tout s'est déroulé comme prévu d'en Haut. Et il a absolument raison.

Mais l'intérêt pour ce livre a réapparu récemment - au début du 21ème siècle, lorsque des chercheurs américains ont commencé à étudier les prédictions de Nostradamus et ont commencé à trouver une confirmation de ce qui était dit en quatrains et des illustrations dans les événements de la vie humaine. Le film était basé sur l'intrigue d'études prouvant l'authenticité du livre et les commentaires d'écrivains et de membres du clergé.

Tous les commentateurs parlaient anglais, mais la traduction de l'orateur en russe nous a permis de faire connaissance avec cette découverte étonnante. Pour la première fois, des dessins de Nostradamus ont été racontés. Avant cela, il n'était connu de tous que comme écrivain. Les commentateurs ont formulé leurs hypothèses sur telle ou telle illustration, chacune du point de vue de leurs connaissances. De nombreuses interprétations des dessins ont été mal faites. (Ce dernier ne s'applique qu'aux sept dernières illustrations).

Je ferai attention aux paroles correctes des commentateurs. "Le sens des prédictions deviendra clair avant la fin ... Il est impossible de comprendre le sens des dessins avant que le temps ne soit écoulé", a déclaré l'un d'entre eux.

Le film était à la télévision. Je n'ai pas particulièrement écouté ce qui a été dit là-bas, mais lorsqu'on a montré «l'illustration n ° 67» (dans notre livre, il s'agit de l'image 4), dans laquelle une certaine Personnalité Suprême tient un livre et où «One male» est clairement écrit en anglais, c'est-à-dire «C'est Lui», j'ai commencé à regarder attentivement les dessins et j'ai reconnu dans la roue de la fortune à huit rayons l'intérieur (Image 2) notre étoile à huit branches de «l'Union» (Image 1), c'est-à-dire un symbole de l'activité commune des huit principaux Systèmes de Dieu (le neuvième Système est toujours au centre du symbole). Cette vision est donnée d'en Haut.

Sur tous nos livres principaux de la série «Au-delà de l'inconnu», il y avait une étoile à huit branches de Ceux qui gouvernent la Terre et l'humanité, et avec qui nous sommes en contact. Il s'agit de neuf Systèmes hiérarchiques, en fonction du nombre, dont 10 numéros attribués à l'humanité, appelés arabes. Le neuvième Système est au centre, combinant les 8 autres systèmes. Chaque faisceau de la roue de la fortune dans les dessins de Nostradamus est simplifié. Et dans notre pays, il exprime toute une mini-hiérarchie unissant les Personnalités Supérieures en fonction d'objectifs de développement (Image 1), c'est-à-dire nous avons entré le détail dans ce symbole. Ces neuf systèmes gouvernent la Terre et l'ensemble de l'humanité. Une étoile à 8 branches apparaît dans un pays, puis dans un autre. Ces systèmes façonnent le destin de l'humanité et contrôlent les changements en cours sur la planète.

La roue de la fortune, qui symbolise à la fois exactement 9 Systèmes hiérarchiques, est dans de nombreuses illustrations de Nostradamus en haut, au centre de la composition, témoignant du fait que ces systèmes sont à la tête de tout et écrivent le destin de chaque personne. La fortune d'une personne dépend entièrement d'eux, tout comme le temps d'existence d'une civilisation donnée.

Mais revenons au film "Nostradamus 2012", à son "illustration 67" (la numérotation est indiquée par le livre de Nostradamus, et chez nous c'est l'Image 4) et à ces mots mystérieux "C'est Lui" écrits dans le livre de la Personnalité Suprême. Ces mots mystérieux sont écrits sur la page de droite et l'arbre de la connaissance est représenté sur la page de gauche.

L'annonceur a commenté la phrase «One male» en partant du principe que ces mots signifient la venue sur la Terre de l'Antéchrist, dont tout le monde a peur et qui détruira notre monde. Les gens ont peur de perdre des bénéfices et tout ce que la civilisation leur a donné, et ils ont déjà commencé à perdre. L'annonceur a dit pathétiquement: «Le monde s'écroule», et c'est vraiment le cyclone qui emporte les bâtiments, les tsunamis et les tornades détruisent les villes. Notre monde est secoué par des tremblements de terre et des inondations. Et tout cela est comme une confirmation de la venue de l'Antéchrist. Ceci, prétendument, est dit de lui dans les mots "C'est Lui". Nostradamus prévient de l'apparition du destructeur.

Mais nous dirons avec confiance qu'il s'agit d'une personne complètement différente.

Les mots "C'est Lui" signifient la venue de Dieu. Ceci lui est indiqué par Nostradamus, car cette Personnalité Supérieure révélera à l'humanité le savoir de l'arbre de la connaissance. C'est pourquoi, en face des données des mots «C'est Lui», l'arbre de la connaissance est montré. Sur la page de droite du livre, que détient la Personnalité suprême, figurent les mots "C'est Lui", mais au contraire, sur la page de gauche, se trouve l'Arbre de la connaissance. Et cela ne dit qu'une chose - **Dieu est descendu de ses hauteurs sur Terre pour donner aux gens de nouvelles lois de développement et reconstruire le monde pour la prochaine étape de l'évolution.**

Par conséquent, la bande symbolisant la route se trouve à gauche de l'employé verticalement, avec une légère pente, reliant le haut et le bas, Dieu et les gens. Et cela est noté dans les Écritures.

Image 1
L'étoile à huit branches de l'Union. Chaque rayon exprime un Système hiérarchique. Le neuvième Système se trouve au centre.

Image 2
La roue de la Fortune (fragment d'une illustration de Nostradamus)

Image 3
L'étoile à huit branches de "l'Union" sur la croix de pierre d'Hendaye, située dans le sud de la France.
17ème siècle.

Image 4 "C'est Lui." (Image 67 du livre de Nostradamus)

En outre, le ruban-route va à une personne avec un arc, symbolisant le signe du zodiaque Sagittaire. Est-ce une référence directe à notre nom de famille? Nous sommes tous trois (mère, père, fille) Strelnikov. Et Dieu nous est vraiment venu et nous a révélé la connaissance de l'Arbre de la connaissance. L'énergie puissante de Dieu a été enregistrée en 1997 par des scientifiques américains. Un puissant courant d'énergie est descendu de quelque part depuis un point de l'univers incompréhensible pour l'homme (il venait d'une autre dimension) vers la Terre, apportant de nouvelles informations. En 2000, nous avons reçu 136 nouvelles Lois de l'Univers de Dieu.

Cette image (Image 4) est correctement interprétée par le commentateur Jay Wedner, auteur de «Secrets de l'alchimie». Il dit:

- Au moment de l'opposition des Lumières, la connaissance de l'Arbre de la connaissance sera révélée à l'homme.

La confrontation approche. Il ne reste pas beaucoup de temps jusqu'à ce moment. En effet, Dieu nous a révélé des nouvelles connaissances étonnantes, que nous avons affichées dans 23 livres de la série «Au-delà de l'inconnu», 5 livres de la série «Magie de la perfection» et sept livres de la série «Ésotérisme dans les aphorismes». (La composition des livres à la date du 26 septembre 2009). Ces connaissances ont été données à toute l'humanité pour élever son âme à un Niveau de développement supérieur, car elle contribue à augmenter l'énergopotentiel même avec son assimilation partielle.

Mais, en considérant attentivement cette illustration (Image 4), nous nous demandons pourquoi le Sagittaire vise deux poissons (Image 4)? Le commentateur du film suggère que cette aquarelle prédit la destruction du monde. Deux poissons en signe du zodiaque, symbolisent l'ère des Poissons, qui part dans le passé. Elle est remplacée par l'ère du Verseau et moi, mon signe est Verseau, qui porte une énergie nouvelle pour toute la période de cette étape du développement humain. Le Verseau nommé Strelnikov et une flèche avec un arc symbolisent les nouvelles énergies qui détruisent tout l'ancien.

Le Sagittaire tire à l'ère des Poissons, c'est-à-dire beaucoup de choses qui s'y rapportent seront détruites. C'est pourquoi, dans l'illustration, l'époque ancienne sous la forme de deux poissons est séparée par un trou dans le sol (sur la photo) de l'endroit où se trouve le Sagittaire. Il y a toujours quelque chose qui sépare l'un de l'autre (abîme), et il y a toujours quelque chose (énergie) qui relie l'un à l'autre. L'abîme symbolise le fait qu'une époque est séparée d'une autre, et des moments et des processus de division apparaîtront à cet effet. La raison de cette séparation sera la nouvelle connaissance donnée par Dieu. Pour cela, il est apparu ("C'est lui"), avec l'aide de nouvelles informations pour détruire les anciennes idées de l'humanité et du vieux monde. Mais cela ne signifie pas que le monde cessera d'exister après avoir été complètement détruit. La nouvelle énergie, détruisant l'ancienne ère, aidera en même temps les meilleures âmes humaines du monde dépassé à entrer dans une nouvelle ère.

Dieu n'est pas descendu sur Terre pour tout détruire: les gens, le monde, la planète, il est venu pour donner de nouvelles connaissances et mener à bien les transformations grandioses de l'ancien en nouveau, le passé - dans le futur, dans le haut - dans le haut. Bien que vous ne devriez pas oublier la colère de Dieu, le jugement des pécheurs, des incroyants, des pharisiens. Mais cela est indiqué dans d'autres illustrations de Nostradamus.

Toute restructuration est accompagnée de la destruction de l'ancien. À ces fins, par ordre de Dieu, un Système négatif est venu sur Terre pour détruire le monde qui nous entoure. Les individus positifs ne le font pas, alors Dieu doit attirer les individus du Système négatif à démanteler. Et dans ces actions, les gens voient la main de l'Antéchrist. Tout autour d'eux commence à s'effondrer, se briser, mourir. Mais tout est fait strictement selon le plan de Dieu. L'objectif de toutes ces destructions est de transformer le vieux monde en un nouveau monde, de le faire passer à la prochaine étape du développement, en faisant passer la planète entière à un stade supérieur d'amélioration. Ce n'est pas la fin de tout, mais le début d'un nouveau cycle d'évolution de la Terre et de l'humanité.

Seul Dieu a le droit de venir sur Terre, car c'est sa possession. Et les personnes négatives viennent ici sur les instructions de Dieu pour réaliser ses plans de restructuration. Et si l'Antéchrist vient sur Terre, cela signifie qu'il a été envoyé à l'humanité par Dieu pour tester les âmes des plus hautes qualités, de la Foi.

L'Antéchrist est un grand séducteur et molester d'enfant. Son but n'est pas de détruire, mais de tenter, de corrompre, de séduire les âmes, de les faire faire des erreurs, de les attirer dans leur Système négatif. Et l'Antéchrist n'est pas le diable lui-même, mais c'est son serviteur. Les gens ont un mélange de concepts. Par conséquent, nous clarifions ce qu'une personne confond.

De plus, comme l'ont dit les Supérieurs, l'Antéchrist dans la période de la restructuration de la Terre ne sera pas représenté par une seule personne. Il existera en plusieurs exemplaires, dispersés dans le temps et à travers les pays: l'un quittera la scène de la vie, et immédiatement une autre la remplacera, continuant à effectuer les mêmes tâches.

La destruction du monde terrestre lui-même est effectuée par le système négatif, contrôlé par le Diable, qui comprend de nombreux aspects de la déstructuration (destruction). Mais tout se fait selon les instructions de Dieu et conformément à son projet de construire le monde pour la sixième course. Lui seul sait ce qui doit être détruit, quoi reconstruire, où il est préférable de commencer avec un nouveau et ce qui doit être poursuivi pour être achevé.

La terre est le monde de Dieu et lui seul sait le transformer et, plus important encore, pourquoi. Seul Dieu connaît le but de son développement. Et le Diable n'ose jamais détruire et détruire quelque chose dans ce monde de sa propre initiative, sans indication de Dieu. Le Diable étant complètement subordonné à Dieu et dépendant de lui, il est obligé d'obéir à sa volonté et d'agir dans le cadre indiqué par lui. L'image 4 parle donc de l'arrivée de notre Dieu sur Terre et de lui seul. Il descend ici tous les deux mille ans pour indiquer à l'humanité la prochaine direction du développement.

Mais de la même manière, il est possible d'expliquer cette descendance de Dieu sur Terre du point de vue de tous les jours. C'est ainsi qu'un homme le représente sur la base d'anciens concepts développés depuis plus de deux mille ans.

Si nous parlons des processus associés à ce phénomène, c'est-à-dire de la descente de Dieu dans notre monde, nous devons nous tourner vers les processus énergétiques. Comme le disait Gregg Braden (le commentateur de Nostradamus 2012), Dieu ne vient pas «danser avec des gens», affirmant que Dieu est assimilé à un simple mortel, mais dans le but de réduire l'énergie de la prochaine gamme d'un Niveau supérieur à la Terre, en aidant la planète de monter à un Niveau supérieur. Et il (le niveau) consiste en une plage de fréquences plus élevée, car l'évolution consiste dans le fait qu'un objet progresse dans son développement de basses fréquences d'énergies à des énergies de plus en plus hautes.

Mais pour que la planète passe au Niveau d'énergie suivant, saut d'une époque à l'autre, elle doit communiquer artificiellement une quantité supplémentaire d'énergie d'un potentiel plus élevé, et donc plus puissant, qui permettra à la planète de s'élever vers le haut, c'est-à-dire qu'une transition vers une nouvelle orbitale sera effectuée. (Et comment une personne accomplit l'ascension au niveau suivant, comme indiqué dans l'article sur la Lémurie ci-dessus). Plus l'énergopotentiel d'un objet est élevé, plus il s'élève.

La venue de Dieu dans notre monde ne signifie donc pas seulement l'arrivée de la personnalité suprême dans le monde physique, mais aussi l'expression de certains processus énergétiques dans lesquels la Terre sera entraînée. **Dieu ne vient pas quand une personne le veut, mais quand une certaine période de développement se termine et que de nouveaux processus doivent être lancés.**

L'église, comme l'a annoncé le film "Nostradamus 2012", a longtemps caché ce livre de prédictions aux gens ordinaires, y découvrant de nombreux événements sinistres. Vous pouvez masquer un livre, mais il est impossible d'arrêter les événements. En conséquence, nous voyons maintenant ce qui est et ce que nous aurions pu éviter en faisant des efforts.

Cependant, on peut en suggérer un autre. Le livre était spécialement caché par les Supérieurs pour le moment afin de tester des âmes qui ne connaissaient pas leur avenir, pour les qualités nécessaires, pour leur maturité et leur dévouement pour le travail des Supérieurs? Il n'y a rien d'accidentel dans le monde pour la simple raison que toutes les parcelles de la vie sont écrites dans le ciel. Par conséquent, le livre a disparu du champ de vision de la société lorsque cela était nécessaire, et pendant longtemps, il a été saupoudré sur les étagères du magasin de la bibliothèque romaine. Ici, elle attend dans les coulisses depuis plus de deux siècles. Et le moment venu, elle réapparut sur la scène de la vie pour dire son dernier mot.

Mais le livre perdu de Nostradamus nous concerne directement, nous les auteurs, notre travail avec Dieu. Par conséquent, si elle était apparue plus tôt, au plus fort de notre activité de contact avec Dieu, nous aurions simplement été empêchés de remplir notre mission. Ainsi, pendant 20 ans, nous avons travaillé avec calme et sérénité avec neuf systèmes hiérarchiques. Nous avons reçu des connaissances étonnantes de l'Arbre de la connaissance et les avons transformés en une doctrine.

Nous n'avons reçu la confirmation de notre mission que vingt ans après le début de nos travaux sur le Cosmos. La tâche est terminée et nous pouvons maintenant nous assurer que nous avons suivi le bon chemin et fait ce que les Supérieurs avaient planifié bien avant notre arrivée sur Terre. Les illustrations nous le disent depuis la rédaction de ce livre: Nostradamus l'a écrit au début du XVIe siècle. C'est-à-dire que notre apparition avait été planifiée plus de trois siècles avant l'incarnation de nos âmes sur Terre.

L'intrigue de l'histoire elle-même a été écrite à l'avance et il ne restait plus qu'à ramasser des âmes pour elle. Trois des sept milliards d'âmes qui se trouvent actuellement dans le monde terrestre ont été choisis. Et cela devrait déjà en dire beaucoup. Nous avons dépassé les 7 milliards d'individus en termes d'indicateurs (je ne parle pas des âmes qui restent dans les référentiels du ciel). La fortune est entre les mains du Très-Haut et ils la tourneront là où ils en auront besoin.

Le film sur le livre perdu de Nostradamus, créé spécialement pour confirmer notre mission et sur le fait que la vérité a atteint ceux qui auraient dû l'entendre et la comprendre. Des milliers de personnes regarderont le film - et ne verront pas la vérité, car elles ne comprennent pas correctement les connaissances de l'arbre de la connaissance et restent aveugles. Et ceux qui ont appris de nouvelles informations de Dieu verront une confirmation à la fois dans l'apparition de Dieu sur Terre et dans l'arrivée de ses messagers.

Pouvoir entendre la voix de vos maîtres, voir les phénomènes et apprendre à combiner des faits dans des concepts vous permettant de lire les intentions des Maîtres Supérieurs de l'humanité afin de participer à leur réalisation.

Mais dans les illustrations de Nostradamus (Image 13, 14), nous nous sommes reconnus et reconnaissons les personnes qui, avec nous, ont fait une chose commune. Nous avons également compris ces processus, décrits par d'autres illustrations (Image 4, 8), qui concernaient nos activités liées au transfert de la planète et de l'humanité à un nouveau stade de développement.

Créé par des chercheurs américains, le film a une grande valeur cognitive. Il vous permet d'analyser tout ce qui s'est déjà passé sur Terre et de vous assurer à nouveau du génie d'un grand prédicteur. Une personne peut elle-même vérifier le niveau de ses connaissances et sa capacité à comparer des faits, à les combiner et à tirer les bonnes conclusions.

En outre, le film transmettait des informations à ceux qui interpréteraient les sept derniers dessins de Nostradamus plus correctement, en termes de nouvelles connaissances. Et nous donnons cette interprétation.

Image 5 l'illustration avec une main tenant une épée.

Image 6 L'Aquarelle de Nostradamus – «Le soleil»

 - Le signe zodiacal des poissons, très évocateur de la figure vers laquelle se déplace le Cancer au bas de l'illustration

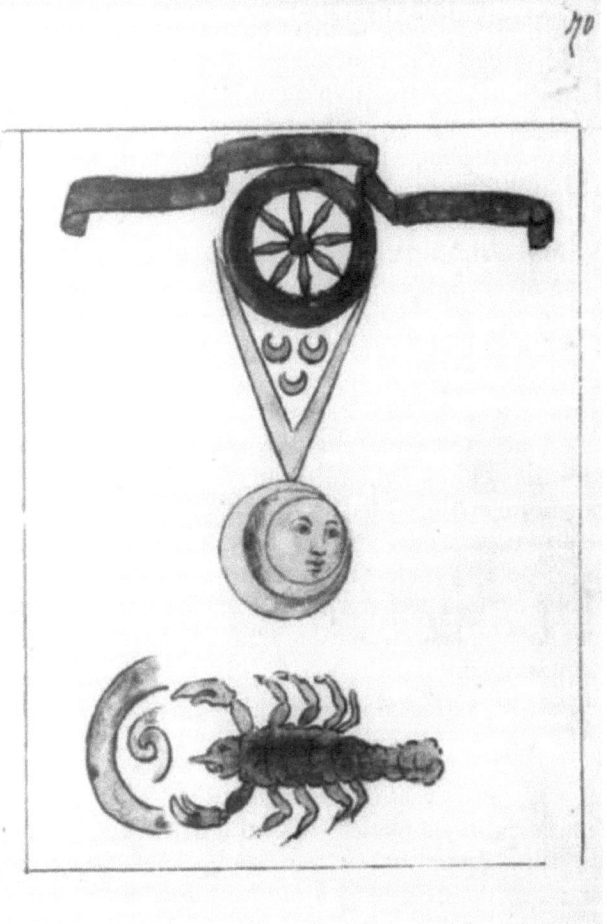

Image 7 l'Illustration «Le cancer et la Lune»

Mais revenons aux illustrations de Nostradamus.

L'image 5 (selon notre numérotation) montre une main tenant une épée traversant un ruban représentant une spirale. Un bâton pesant descend sur l'arbre de vie. (Dans ce cas, l'arbre symbolise la vie. Et ce n'est pas la dualité du symbolisme «L'Arbre de la connaissance et l'arbre de la vie», mais une seule et même chose. Le fait est que la vie et la connaissance sont interconnectées par une relation directe. Seulement cela passe dans l'évolution, dans la vie. Cela se développe, ce qui signifie qu'elle sait, que l'assimilation de nouvelles connaissances contribue au progrès de l'âme et lui permet de monter au prochain niveau. Par conséquent, l'arbre de la connaissance est un arbre de vie. La connaissance contribue à la vie.

Au bas de l'illustration, sous le ruban suivant séparant les mondes par niveaux, c'est-à-dire, dans ce cas-ci, séparant le monde supérieur du monde inférieur, le scorpion et l'agneau sont en opposition. L'Agneau est un symbole de bien, de lumière; le scorpion - le mal, les ténèbres. Ils sont en opposition les uns aux autres.

La main tenant l'épée appartient à la Personnalité Suprême qui contrôle certains processus énergétiques dans notre univers. L'épée dans cette illustration symbolise le flux d'énergie volontaire, qui permettra à notre civilisation d'achever le prochain cycle d'évolution, en progressant un peu plus haut dans son développement. Dans ce processus, appelé "Parade des Planètes", les principales planètes du Système solaire participeront, en s'alignant sur une seule ligne.

Dans la croix chrétienne ordinaire, la barre horizontale se situe au-dessus, exprimant la filtration de l'énergie dirigée d'une personne vers le Supérieur. L'épée dans la main de l'Être Suprême est située de manière à ce que la barre horizontale se trouve en dessous de la roue de la fortune. Et cela signifie que les énergies passant d'un monde à l'autre vont subir des transformations au stade initial de leur mouvement. Par conséquent, le défilé de planètes transférera des énergies d'un monde à un autre, d'une dimension à une autre. Et ceci est un processus galactique entier contrôlé par les Forces Supérieures, tout sera fait par Eux et selon leurs plans précédemment développés. Tout sera contrôlé par la «main» de l'Être Suprême selon son projet de développement de notre univers.

Et puisqu'il s'agit d'un processus galactique complexe, certainement associé à de nombreux changements dans le Système solaire et sur Terre, la vie de la civilisation recevra un coup dur. Par conséquent, une puissante matraque tombe sur l'arbre de la vie, menaçant l'existence de l'humanité. La matraque exprime la colère de Dieu. Pour une fois encore, l'humanité a préféré les biens matériels aux biens spirituels. La venue de Dieu est passée inaperçue uniquement à la lumière de l'aveuglement spirituel de la majorité de l'humanité.

Quels sont les indicateurs que l'humanité n'a pas été à la hauteur de l'espoir de Dieu et n'a pas réalisé ses desseins avec le résultat qu'il voulait obtenir si les gens choisissaient la voie spirituelle du développement?

Nous avons écrit à ce sujet dans des livres, mais je vous rappelle que les gens auraient dû développer leur intelligence à 50% d'ici à 2000, et qu'elle l'a développée en moyenne de 6% seulement. Le pourcentage de déchet des âmes ne représentait pas 10% du nombre total prévu d'âmes, mais 20%.

La fin de la cinquième course approche et tout le monde continue obstinément à chasser des chalets, des voitures chères, des meubles et d'autres valeurs matérielles, qui deviendront bientôt de la poussière. L'art est également devenu plus corrompu et n'élève pas d'âme. Une personne simple est devenue impuissante: encore une fois, qui a une épaisse poche, il y a la «vérité» et tous les droits, etc. Je ne citerai pas beaucoup de faits sur la dégradation de la société. Il suffit que ce qui est dit ci-dessus dissipe la colère de Dieu sur la tête des gens. Par conséquent, la matraque descend également à l'arbre de vie, à tout le monde terrestre. L'humanité a commencé à ressentir ses effets dès la fin du XXe siècle sous forme d'inondations, de tremblements de terre, d'éruptions volcaniques, de tornades, de tsunamis, d'épidémies et d'autres catastrophes qui ont fait plusieurs dizaines de milliers de victimes à la fois.

Les Supérieurs, tout d'abord, attaquent tout ce qui est matériel, pour montrer que les gens poursuivaient des buts fantomatiques, qu'en une fraction de minute, ils se transformaient en tas de déchets, en délabrement. Et l'argent ne sauve pas de l'adversité, de la maladie, des cataclysmes et de la mort. Les cataclysmes et les catastrophes effacent la valeur de l'argent, de l'or, des diamants, interfèrent avec la saleté. En quelques minutes, des millions de personnes deviennent des bouts de papier sans valeur et les riches deviennent des pauvres dotés d'une âme pauvre. Tout ce qui reste à l'homme est ce qu'il a accumulé dans ses constructions subtiles et selon lequel le jugement sera rendu au ciel.

Mais pourquoi Dieu permet-il la destruction? En effet, les

réalisations de la civilisation sont nombreuses et le matériel peut être beau et inspirant. Naturellement, Dieu n'a jamais été contre le beau et celui qui contribue à la perfection de l'âme. Mais il est contre les perversions de buts, lorsque le matériel commence à dominer le spirituel, lorsque ce qui s'est développé auparavant commence à se corrompre, devenant une source de dégradation et de déclin rapide de l'âme. Une personne perd la ligne de transition de haut en bas, de suffisante à excès, de légitime à moche.

Il espère en vain que les Supérieurs possèdent une patience illimitée. Toute patience prend fin. Et puis viennent les punitions cruelles. Les âmes qui ne veulent pas passer au stade suivant de l'évolution, se concentrant sur la richesse matérielle, ne sont pas nécessaires pour le supérieur, car elles inhibent tous les processus évolutifs du monde. Restant de misérables aveugles, allant dans l'abîme pour l'odeur d'un délicieux gâteau, ils n'acceptent pas les nouvelles informations de Dieu, ne comprennent rien dans les processus environnants et se transforment eux-mêmes en déchets, qui sont jetés dans cet abîme et y sont broyés.

C'est en relation avec la mauvaise attitude d'une personne vis-à-vis de la vie que les illustrations ci-dessous (Image 5) sont dessinées sous le ruban séparant le monde terrestre des Supérieurs, un scorpion noir et un agneau brillant. Le Scorpion, symbole du mal dans notre monde, et un agneau, symbolisant le bien, expriment deux côtés opposés du monde. Et devant eux se trouve un piédestal. Qui sera le premier à y entrer? Si une personne ne reconnaît que la richesse matérielle, cela signifie qu'un scorpion noir pénètre dans le piédestal. Le mal conquiert. Si les gens choisissent la spiritualité, un agneau blanc pénètre dans le piédestal et le bien gagne. Mais selon les événements que nous observons actuellement autour de nous et dans le monde, on peut estimer que beaucoup ont suivi le scorpion. Le monde s'est alors effondré et les cataclysmes se sont succédé, faisant de plus en plus de victimes.

Mais le coup principal n'est pas encore venu.

Si nous nous tournons vers l'illustration «Le soleil a besoin d'un lion» (Image 6), cela peut être interprété comme un processus d'augmentation de l'activité solaire. (Au fait, la fille de Larissa dans le signe du zodiaque est Lion. C'est aussi une autre coïncidence avec le sens voilé de l'illustration de Nostradamus). L'étoile brûlera sans pitié tous les êtres vivants. Le royaume terrestre va commencer à brûler, ce que nous avons déjà l'occasion de voir. Le pic d'activité solaire est attendu en 2012.

Mais le rayonnement solaire ne craindra pas les représentants hautement spirituels de la cinquième race et les jeunes représentants de la sixième race. Ils sont prêts à augmenter l'activité solaire, comme un lion vivant dans l'Afrique chaude, prêts à percevoir la chaleur comme la norme. Par conséquent, dans l'illustration de Nostradamus, le lion perçoit calmement les rayons brûlants du soleil. Il n'y a pas d'autres créatures ici, car dans la nouvelle race, il n'y aura que des âmes dans une seule forme matérielle, il n'y en aura pas d'autres. Et cette course correspondra en énergie à l'augmentation du rayonnement solaire. Ainsi, la figure 6 indique également la correspondance énergétique du Soleil avec le potentiel de ces formes vivantes qui continueront d'exister à cette période.

La même image peut être considérée comme un signe astrologique - le Soleil en Lion. Autrement dit, l'auteur des aquarelles indique que c'est pendant cette période que le Soleil augmentera son rayonnement. Et en effet, en comparaison, par exemple, avec le moment où le Christ est venu sur la Terre, les radiations du Soleil ont été multipliées par mille. Et comme l'humanité ne s'est pas préparée énergiquement pour l'an 2000, ayant construit son propre énergopotentiel, toutes sortes de maladies de sa coquille physique ont commencé. L'avertissement n'a pas été pris en compte en raison du manque de connaissances requises et de la négligence des gens.

Le soleil est dans la constellation du Lion et du Verseau opposé à certains intervalles associés aux cycles de développement. Il (le Soleil) apparaît au centre de la galaxie une fois tous les 26 000 ans, lorsqu'il entre dans le signe du Verseau. Les cycles sont associés à l'entrée en vigueur de processus aux proportions universelles, qui ne concernent pas uniquement notre planète. C'est-à-dire qu'il existe dans l'univers des processus d'ordre privé et général, se divisant par le degré de signification dépendant de leur Niveau. Et plus le Niveau est élevé, plus il recouvre de corps cosmiques dans le processus de leur interaction.

Comme le commentait le film «Nostradamus 2012» a déclaré: «Avant la fin... le sens de ces images deviendra enfin clair... Il est impossible de comprendre le sens des dessins avant le moment venu.»

Et le moment est venu de comprendre les sept dernières illustrations relatives à notre période d'existence et aux événements qui nous sont associés.

Tournons-nous vers les aquarelles de Nostradamus (Image 7), sur lesquelles la roue de la fortune est dessinée. Sur le ruban, une médaille représente un signe symbolisant les éclipses lunaires et solaires, et au-dessous d'elles une image du cancer. L'illustration montre en réalité trois éclipses lunaires et trois éclipses solaires, qui sont à nouveau contrôlées par la roue de la fortune, lorsque le ruban en descend, mettant en mouvement nos corps célestes. (Ces éclipses apparaissent de 1992 à 2012). Ainsi, une transmission par courroie fonctionne sur une poulie: une autre roue est mise en mouvement par la rotation d'une roue. Mais il ne s'agit que d'une image des processus cosmiques à l'aide d'images humaines.

En fait, ce schéma montre que toute éclipse est organisée par les Personnalités Supérieures dans le but de réguler les énergies envoyées dans une zone particulière de la Terre. Cela est dû à ses fonctions.

Le Cancer ci-dessous exprime également une certaine situation de signification astrologique. Il passe au symbole astrologique du signe du Cancer. Bien que certains commentateurs prétendent que l'image devant la tête du cancer exprime notre galaxie en tournant dans le sens des aiguilles d'une montre, il ne s'agit pas d'une galaxie, mais du Signe zodiacal du Cancer. Par conséquent, une personne doit faire attention à ce qui va se passer pendant cette période. Le Signe du Cancer fait référence aux mois de mai, juin. Ici aussi, certains processus cosmiques associés à la restructuration de notre Terre seront impliqués. Elle recevra plus d'énergies de la gamme de ce Signe.

- - -

Plusieurs images de Nostradamus (Images 4, 8) indiquent que Sagittaire, un homme tirant à l'arc, fait référence directement à notre nom de famille. Nous sommes tous les trois Strelnikov, par le Signe du zodiaque - le Taureau, qui est également montré à l'image 8).

En bas de l'illustration en face du Taureau (Image 8) se trouvent les échelles. L'image de Taureau suggère qu'une personne qui appartiendra à ce signe viendra (Seklitova est née le 23 avril 1972). Et ce que le Taureau apporte au monde sera un indicateur du développement et de la maturité des âmes. Tout, quand il apparaîtra (Taureau) sera mis pour l'homme sur la balance. Qu'est-ce qui l'emportera sur elle - qualités positives ou négatives? Qui naviguera correctement dans la mer de vieilles informations et, après avoir éliminé l'inutile, jettera le potentiel Divin des nouvelles énergies sur la balance?

La Balance est un avertissement pour qu'une personne réfléchisse aux conséquences de ses actes, de ses pensées et de ses connaissances. Le jour du terrible jugement, le Taureau décidera qui offrir et qui omettre, qui a accepté l'information divine et qui l'a rejetée. Le compte à rebours des connaissances et des actions d'une personne affectée à la balance a commencé à partir du moment où L. Seklitova a reçu une nouvelle information.

Au-dessus du Taureau et des balances de la même aquarelle, apparaît à nouveau le Sagittaire, qui vise maintenant la femme. Dans les illustrations de Nostradamus, il apparaît plusieurs fois et sa flèche est dirigée vers différentes figures, l'une de ces aquarelles (Image 4), comme nous l'avons déjà expliqué. Passons à la suivante.

L'illustration «Le tireur et la femme» (Image 8) montre que le tireur dirige la flèche vers la femme, symbolisant dans ce cas la galaxie. Mais pourquoi le Sagittaire vise-t-il le centre de la galaxie? Qu'est-ce qui est si intéressant ici d'envoyer une flèche là-bas?

Au centre de la galaxie se trouve un trou noir. En conséquence, le Sagittaire s'efforce de toucher sa flèche (Image 9, 10). Cela symbolise le début des processus grandioses se déroulant dans notre univers. Un ruban à la droite de la femme se trouve à la verticale, signe que le monde supérieur interagit avec le matériau inférieur. Des changements galactiques vont se produire. La flèche dans cette illustration montre le mouvement volontaire d'énergie des planètes du Système solaire vers le centre de la Voie Lactée, où se trouve le trou noir.

L'arc et les flèches dans les mains du Sagittaire sont une expression figurative de ces processus par lesquels une personne versera un nouveau courant d'énergie dans les transformations cosmiques. Notre famille apportera une contribution significative à ces processus mondiaux par la création de livres et la diffusion des nouvelles informations affichées dans l'humanité. Et les informations, rappelons-le, sont l'énergie d'une nouvelle gamme. L'assimilation de celle-ci par les hommes signifie donc l'infiltration de types élevés d'énergie dans leurs coquilles minces, ce qui se traduira par une illumination de l'humanité et son inclusion dans les processus spatiaux. L'augmentation due à cet énergopotentiel des âmes individuelles contribue au processus de leur Ascension. Des concepts simples cachent des processus complexes de proportions planétaires.

Ainsi, une fois tous les 26 000 ans, le Soleil apparaît sur le même axe que le centre de la galaxie, entrant dans la constellation du Verseau. L'ère du Verseau vient tous les 26 mille ans. Pour l'homme, il s'agit d'une très longue période de développement qu'il n'est pas en mesure de couvrir avec ses concepts, compte tenu de la courte durée de son séjour personnel sur Terre. Par conséquent, s'il apprend quelque chose à ce sujet, alors seulement avec le classement des Maîtres Supérieurs. Et ils disent:"Au moment de la confrontation des Lumières, la connaissance sera révélée", ce qui exprime le fait que Dieu donnera aux gens de nouvelles informations qui expliqueront de nombreux processus. Sans eux, il est difficile pour une personne de comprendre l'essence de ce qui se passe.

Tous les moyens de communication de masse: radio, télévision, journaux - crient maintenant à haute voix: "Éclipses lunaires, défilé de planètes!". Par conséquent, nous donnons cette explication sur la base des nouvelles connaissances que nous avons reçues de ci-dessus.

Le défilé imminent de planètes exprime l'état particulier du Système solaire lorsque certaines planètes (ici Terre, Mars, Jupiter, Saturne) s'alignent sur une ligne et face au trou noir situé au centre de la galaxie. En outre, certaines planètes d'autres systèmes stellaires participeront également à ce processus. Ils s'alignent également au centre de la galaxie. Il y aura un transfert d'énergie à travers les planètes du système solaire et d'autres objets dans un trou noir.

C'est-à-dire qu'il s'avère que le Système solaire transfère l'énergie qu'il a générée de notre monde matériel dans un autre monde une fois tous les 26 000 ans. Le transfert s'effectue d'une dimension à une autre, au prochain volume mondial d'un ordre supérieur. C'est un processus très compliqué. Le transfert s'effectue précisément à travers ce trou noir (il y en a beaucoup dans l'univers, mais chacun effectue sa propre tâche), qui transforme l'énergie du plan physique en celle qui sera acceptée dans un autre plan d'existence. Par conséquent, la flèche du Sagittaire tombe exactement au centre de la galaxie, où se trouve le tunnel noir (Images 9, 10, 11).

Le trou noir est sombre car il prend, absorbe les énergies de notre monde et les transfère à un autre. Le recul (absorption d'énergie par un trou) donne un spectre sombre. Et l'entrée des énergies du monde supérieur dans le nôtre se fait par des trous blancs. Ils envoient à notre plan approximatif avec une gamme d'énergie basse leur énergie élevée, qui est perçue par l'homme comme un rayonnement lumineux. Tout ce qui rayonne est perçu par nous comme une lumière ou une couleur.

Mais dans tous les cas, la transition par un trou noir ou blanc s'accompagne d'une transformation des énergies transmises. Les trous noirs sont l'entrée de divers espaces et sous-espaces, et le blanc en est la sortie. (Ils ont également d'autres fonctions, dont nous ne discuterons pas ici).

La Terre cède également une partie de son énergie lors de la parade des planètes, mais reçoit en retour une nouvelle énergie. Lorsque les planètes sont situées sur la même ligne, il se passe un événement rare:

La Terre ne reçoit un maximum d'énergie que de la planète située dans le défilé de planètes les plus proches de lui... C'est un certain type d'énergie, une certaine qualité. Et des autres planètes situées derrière elle - elle ne recevra pas d'énergie.

Avec l'état dispersé des planètes du Système solaire, la Terre reçoit de chacune d'elles l'énergie en quantités programmées. C'est-à-dire que, lors d'un défilé de planètes, le processus technologique d'échange d'énergies entre les objets du Système solaire et les autres structures de l'univers change. Les planètes fonctionnent différemment des précédentes. Le mécanisme de transfert d'énergie vers un autre plan d'existence est également inclus.

La même planète, qui est située le plus loin de la Terre dans le défilé de planètes, ce qui signifie qu'elle est la plus proche du centre de la galaxie, de son trou noir, donnera plus de son énergie à une autre dimension spatiale. Dans ce processus, l'énergoéchange se produit simultanément, et pas seulement le transfert d'énergie au centre de la galaxie.

Lorsque les planètes du Système solaire s'alignent sur une seule ligne, un énorme changement d'énergie se produit. Et l'influence la plus puissante sur la Terre proviendra d'une seule planète du Système solaire. (L'activation de son influence est en cours.) Et sur le plan subtil, une restructuration grandiose de toutes les autres structures est en cours. (Nous parlons de 2012)

C'est pourquoi dans l'illustration de Nostradamus (Image 8), le Sagittaire vise le centre de la galaxie.

En outre, son aquarelle «La main tenant une épée» (Image 5) symbolise également le même défilé galactique de planètes et de processus énergétiques invisibles pour l'homme et réalisés par les corps célestes. Les flux d'énergie perturbent leur cours normal et réalisent une opération rare, qu'ils ne réalisent qu'une fois tous les 26 000 ans.

Mais pourquoi ces puissantes nouvelles énergies sont-elles nécessaires? Il faut se rappeler que la Terre reçoit trois nouveaux corps subtils pour participer aux étapes ultérieures du développement. Il est nécessaire d'inclure un programme de nouvelles coquilles, de réunir l'une avec l'autre, c'est-à-dire structures existantes avec de nouvelles conceptions de sorte que les processus d'ordre supérieur suivants travaillent sur le plan subtil. Dans les coquilles leurs processus devraient être inclus dans le travail. Et cela ne peut être fait qu'avec des énergies très puissantes concentrées dans un faisceau étroit. C'est la mécanique céleste. Par conséquent, figurativement dans l'illustration du grand prédicteur, le Tireur dirige sa flèche vers le centre de la galaxie, symbolisant le mouvement des flux d'énergie dans la direction requise par les Supérieurs.

La constellation Serpentaire participe également à la préparation du travail des trois nouveaux obus de la Terre (Images 11, 12). Elle est située entre la constellation du Sagittaire et le Scorpion. L'astrologie introduit dans ses calculs le nouveau 13ème signe du zodiaque. Le commentateur américain estime la Serpentaire est responsable des derniers jours de notre monde. Mais ces derniers sont pour l'ancien monde et pour le nouveau, le début. L'ancien monde est en train de se transformer en un nouveau monde, car de nouveaux éléments structurels ont été ajoutés à la planète et la cinquième race est transformée en sixième, car il est temps d'être inclus dans le prochain processus évolutif.

La Serpentaire signifie l'inclusion dans le travail de notre planète et de chaque représentant de la sixième race de la prochaine gamme d'énergies qui devrait être élaborée à l'époque du Verseau. Et pour cela, c'est-à-dire pour travailler avec les énergies du signe de Serpentaire, spécialement pour chaque représentant de la sixième course, deux nouvelles coquilles subtiles seront ajoutées. Une personne n'aura plus 7 énergocorps, mais 9; et comme nous l'avons dit plus haut, la Terre s'ajoute 3 coquilles d'un Niveau supérieur pour traiter la prochaine gamme d'énergies et les remplir de nouvelles coquilles. Elle en aura 10.

Mais seule Serpentaire sera capable de les remplir avec les types d'énergie nécessaires et de les construire de la manière requise pour la transition vers la prochaine étape du développement humain.

Ce sont des processus cosmiques à l'échelle galactique, naturels pour la galaxie, associés aux activités fonctionnelles de notre univers, du Système solaire et des Mondes supérieurs. Mais tout est contrôlé par les Supérieurs, toute cette mécanique céleste.

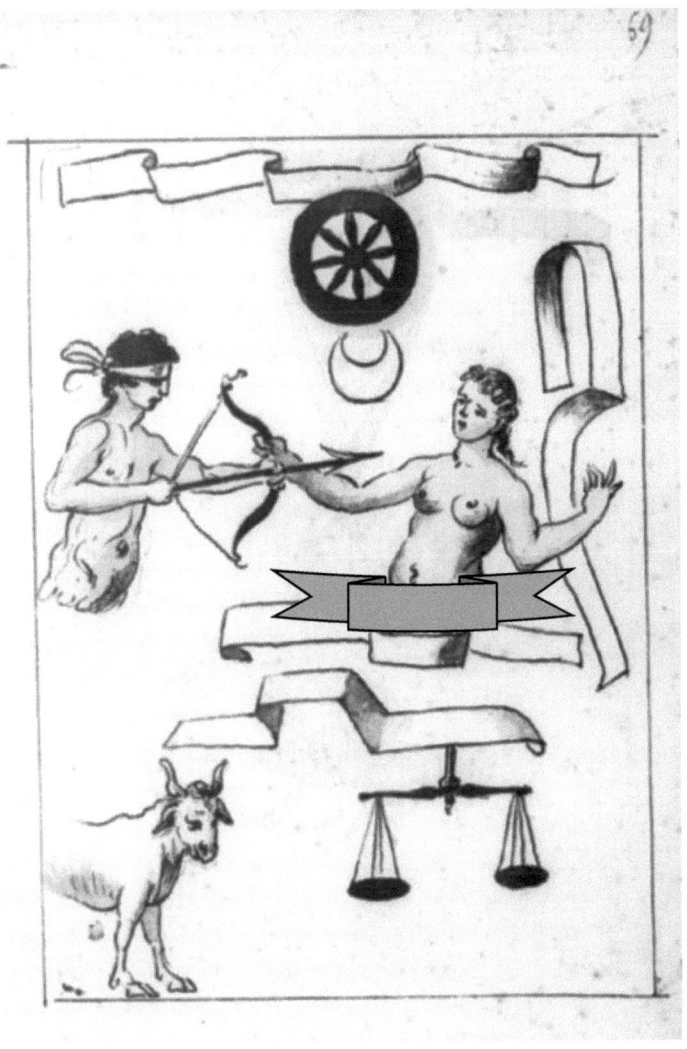

Image 8 L'Illustration "Tireur et femme"

Image 9 Les constellations Sagittaire et Scorpion tirées du film "Nostradamus 2012". Le Sagittaire vise un trou noir.

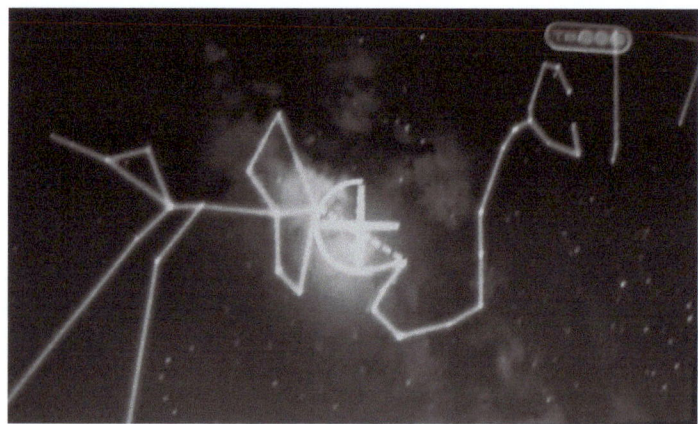

Image 10 Le schéma de la constellation du Sagittaire (à gauche) et du Scorpion (à droite). Tiré du film "Nostradamus 2012"

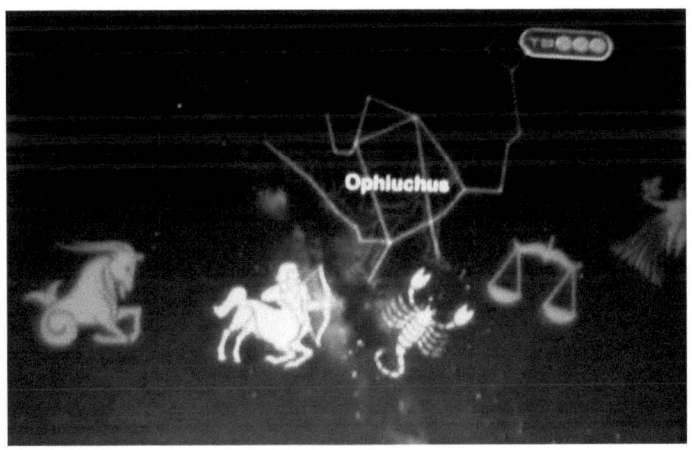

Image 11 La constellation de Serpenaire. Tiré du film "Nostradamus 2012".

Image 12 L'emplacement de la constellation de Serpentaire entre les constellations Sagittaire et Scorpion.

Image 13 L'illustration de Nostradamus avec trois femmes

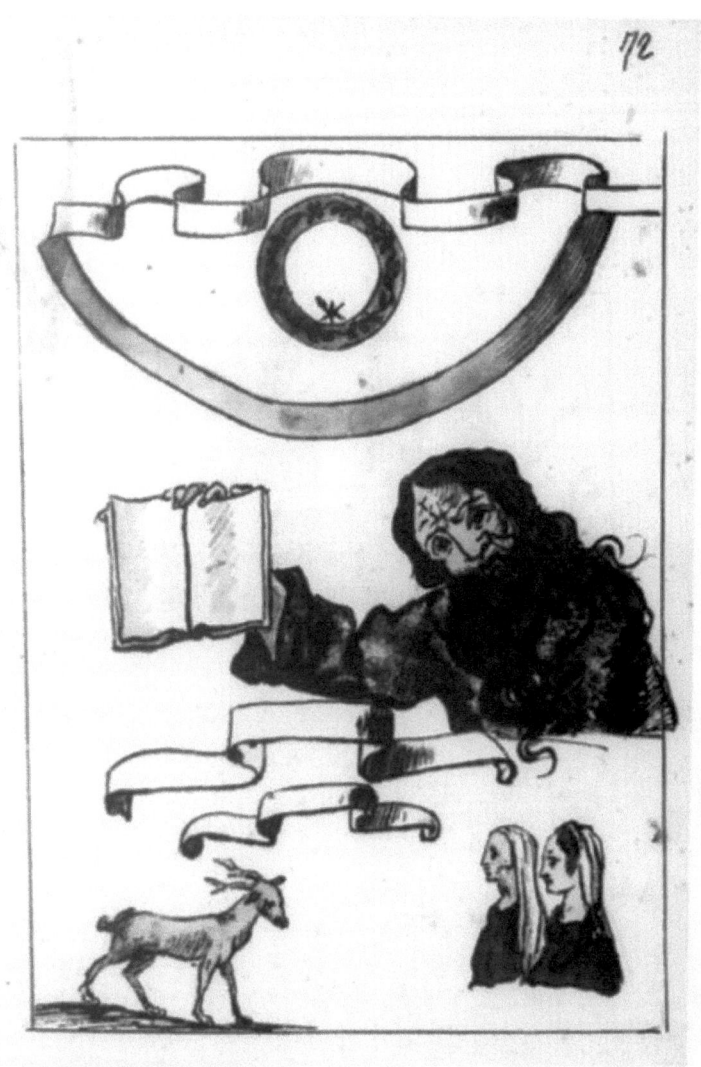

Image 14 L'Illustration de Nostradamus «La roue de la fortune s'est arrêtée»

Image 15 Le fragment d'illustration 14. Le livre de l'être est vide. L'humanité est parvenue à son stade final de développement.

Image 16 L'Illustration "Tour en feu"

Image 17 Les fragments de croix de pierre d'Hendaye. Les côtés avec une image symbolique du soleil (à gauche) et un volume rond avec une croix (à droite).

Image 18 Un ovale sur un côté de la croix d'Hendaye. (Tiré du film "Nostradamus 2012").

Image 19 L'image de la Lune sur la croix d'Hendaye. (Tiré du film "Nostradamus 2012").

Nous passons maintenant aux deux dernières aquarelles de Nostradamus, qui unissent: la roue de la fortune en haut, un peu plus bas - la Personnalité Suprême avec un livre d'être entre ses mains et deux femmes situées tout en bas des dessins, c'est-à-dire dans le monde terrestre (Images 13, 14).

Nous commençons notre interprétation par une illustration (Image 13) représentant trois femmes. La roue du temps continue de tourner au-dessus, mais du fait de l'existence de la civilisation, elle est déjà en train de s'épuiser, comme le dit l'aquarelle suivante (d'après Nostradamus n ° 72, nous l'avons sur l'image 14), où les rayons disparaissent dans la roue, ce qui indique la fin du temps, c'est-à-dire la fin d'un certain cycle du développement réservé à la cinquième course.

Sous la roue de la fortune (Image 13) se trouve une structure ressemblant à un bateau, une arche. L'illustration le rappelle vraiment. Mais encore une fois, le commentateur fait fausse hypothèse selon laquelle l'humanité n'aura plus besoin d'un tel navire, il y a suffisamment d'inondations. (Et c'est à ce moment que des inondations se succèdent, frappant de différents pays!). Maintenant, supposément, la menace vient du feu. Le commentateur suppose cela du fait que les incendies font rage aux États-Unis, en Grèce, en Australie, en France, etc. Mais pour une raison quelconque, il oublie le fait que les inondations inondent également de manière intensive diverses zones terrestres sur différents continents: les flux d'eau tombent à nouveau sur les États-Unis, l'Allemagne, la Chine, la Russie, etc.

Pourquoi mettre sur la photo ce dont qu'une personne n'a pas besoin? Après tout, le but de toute prédiction est d'avertir d'un danger possible, de donner une sorte d'indice. Par conséquent, l'arche doit être interprétée comme un rappel: "n'oubliez pas qu'elle peut vous être utile, mais que seuls les justes y seront sauvés".

Il s'agit d'un avertissement et d'une tentative visant à amener une personne à réfléchir à son comportement et à changer en mieux. Pour ce détail, l'arche, une personne doit porter une attention particulière. Peut-être aura-t-il besoin de lui non seulement ici sur Terre, mais aussi pour l'ascension. Ceux qui ont besoin d'une arche matérielle continueront d'exister sur Terre dans le monde inférieur, et ceux qui sont préparés spirituellement à l'ascension se lèveront vers les mondes supérieurs sur une arche supérieure. Par conséquent, sur cette arche, il y a une bande d'un plan supérieur. Les âmes mûres l'utiliseront pour monter.

La Personnalité Suprême se situe un peu plus bas que l'arche à l'aquarelle, en fonction du scénario de développement des événements sur Terre. Elle corrige tout dans le livre de l'être et compare avec quelle précision une personne remplit le programme de sa vie et dans quels lieux elle pêche (Image 13).

Ensuite, un ruban est dessiné déployé avec l'intérieur face au lecteur. Et dans d'autres chiffres, il se dévoile du côté extérieur au spectateur, c'est-à-dire que tout ce qui se trouve derrière est fermé aux gens. Dans la même illustration, le ruban symbolise la découverte des secrets intérieurs de l'humanité par le Monde Supérieur. Tout ce que le supérieur avait l'habitude de cacher est maintenant partiellement ouvert à l'homme. Cette connaissance est révélée dans nos livres «Secrets des Mondes supérieurs», «Vie secrète des Maîtres Célestes», Âme et les secrets de sa structure », «Énergostructure de l'homme et de la matière».

Les nouvelles connaissances sont découvertes à travers trois véhicules d'information cosmiques, dans lesquels, bien sûr, dès le premier coup d'œil sur l'illustration, je me reconnais moi-même et mes collaborateurs. Deux femmes à gauche, l'une en face de l'autre, l'une blanche, l'autre sombre avec une coiffure - c'est moi et ma fille Larissa, nous discutant constamment de nouvelles informations. Et à droite, Tatyana Vasilyevna Chichilina, avec qui nous avons commencé nos activités spatiales. Pendant 9 ans (de 1989 à 1997), nous avons travaillé ensemble, ce que j'ai écrit dans le livre «Esprit Suprême révèle les secrets». Chichilina a ensuite déménagé à Moscou puis en Bulgarie, mais elle a continué à surveiller nos activités depuis l'étranger et nous a informé qu'elle ne manquait aucun de nos livres. Par conséquent, dans l'illustration, elle est à notre droite et regarde notre chemin, observant nos activités depuis l'étranger.

Nous avec la fille Seklitova L.A. avons fourni à l'humanité pour examen une information complètement nouvelle, qui est reflétée dans la série ci-dessus. C'est pourquoi Dieu est descendu (la phrase "C'est lui") dans notre monde terrestre afin d'ouvrir les voies de développement suivantes à l'humanité.

Donc, Nostradamus dans nos deux dernières illustrations nous dépeint. Ma coiffure était souvent exactement la même que celle d'une femme ordinaire. Je portais donc des cheveux âgés de 30 à 45 ans. Avec une telle coiffure, j'étais à la remise des diplômes à l'école. Et plus tard, j'ai toujours aimé lever mes cheveux, créant une coiffure que les femmes portaient au 19ème siècle. Et dans le livre "Feu de Prométhée" se trouve l'une des photos avec une telle coiffure. Et la fille a préféré avoir les cheveux tombants et bouclés. Mais elle est claire et moi je suis noire. Ceci est également visible dans les illustrations.

Chichilina, bien que représentée avec les cheveux noirs, bien que dans beaucoup de photographies elle ait les cheveux blancs, mais ses cheveux sont colorés. Et sa couleur naturelle de cheveux est noire. Elle ne portait jamais de cheveux avec une coiffure, elle avait les cheveux tombants. Par conséquent, ce que j'ai vu sur les aquarelles de Nostradamus m'a surpris par la précision de notre reproduction. Quand j'ai vu ces dessins pour la première fois dans le film, j'ai eu le sentiment que les auteurs du film «Nostradamus 2012» ont lu nos livres, nous ont vus et ont affiché les auteurs des livres dans ces dessins eux-mêmes, réalisant que nos informations portent simplement les connaissances qui s'ouvriront les gens de l'Arbre de la Connaissance, le moment venu. Et c'est venu. Mais nos livres ne sont pas encore publiés en anglais et par conséquent, ni le réalisateur du film, ni ses participants ne peuvent en lire aucun. Et cela suggère que le temps ne révèle ses secrets qu'à ceux qui souhaitent les voir.

Notre information teste les gens. En fonction de celui qui la traite, les Supérieurs les jugent, les évaluent, puis divisent l'humanité. Les connaissances supérieures restent ouvertes à l'humanité, comme en témoigne la partie supérieure de la dernière aquarelle de Nostradamus (Image 14), le ruban situé au sommet reste orienté vers la partie intérieure des terriens. Il comporte trois parties internes, indiquant la présence des trois hiérarchies principales ci-dessus: la hiérarchie de Dieu (elle est au centre); la hiérarchie du système médical, dirigée par un hiérarque avec une spécificité de développement donnée (à gauche); et la hiérarchie négative dirigée par le Diable (la hiérarchie est à droite).

Les deux rubans inférieurs sont à nouveau fermées, faisant face au lecteur de l'extérieur, ce qui indique qu'une personne doit apprendre à comprendre ce qui se passe autour de lui, mais déjà en utilisant de nouvelles connaissances qui avaient été abandonnées auparavant.

Les deux rubans inférieurs indiquent la séparation des personnes: certains d'entre eux atteindront un Niveau de développement supérieur (ceci est indiqué par le deuxième ruban du bas), tandis que les autres resteront au niveau inférieur (le premier ruban du bas), car ils ne recherchent que la richesse matérielle et les plaisirs.

L'image de l'être (Image 14) sous le ruban indique deux femmes, blanche et sombre, qui restent ensemble. La troisième femme de cette illustration a disparu; après avoir rempli sa mission, elle a quitté la scène.

Les femmes opposées est un cerf rouge. Il symbolise le type

d'animal des âmes sur Terre. Les femmes regardent dans sa direction, s'attendant à savoir s'il ira les voir et que choisiront-elles? Seules les âmes nobles au cœur pur et à la foi inébranlable accepteront les informations des Supérieurs, incarnées dans nos livres, et nous suivront. Par conséquent, le cerf rouge se tourne vers les messagers. Mais ils sont déjà arrachés de la Terre, ayant été déplacés vers les Sphères supérieures. Le cerf continue de se tenir sur la Terre, c'est-à-dire continue d'être connecté au monde physique.

La roue de la fortune cesse de tourner, indiquant la fin de la cinquième course. Le livre de l'être est vide (Image 14, 15). Les gens affinent leur karma, car dans la sixième race de l'âme, évolution continue dans le monde terrestre, ils doivent aller avec le karma pur, c'est-à-dire que, dans les incarnations initiales, il (le karma) doit cesser d'exister. Par conséquent, le livre de l'être avec des feuilles vierges entre les mains de la Personnalité Supérieure peut être interprété comme indiquant que, dans la nouvelle race, une personne commencera sa vie à partir de zéro. Les 3-4 incarnations au début de la sixième race, une personne n'aura pas de dettes karmiques. L'humanité remplit toutes les difficultés, toutes les dettes maintenant, au début de l'ère du Verseau, mais à la cinquième race, et participe donc à des situations difficiles et à des cataclysmes.

La cinquième race se termine avec notre venue et l'écriture d'une série de livres. Mais cela ne dit pas que la Terre et l'humanité cesseront leur existence. La Terre continuera à se développer en tant que monde ayant subi de nombreuses transformations et l'humanité ne sera pas complètement détruite. Bien qu'il y ait beaucoup de victimes, mais que la vie continue de subsister sur Terre, les gens verront beaucoup de choses étonnantes, et parfois même terribles, afin de comprendre et de repenser quelque chose en leur être, afin d'obtenir les points dont ils ont besoin.

Tout sera jeté sur la balance de la justice (Image 8, l'illustration «Tireur et femme). Ce n'est pas pour rien que sur la figure en face du Pilier, ou plutôt du Taureau, qui est une seule et même chose, il y a une balance.

Le Taureau - Seklitova L.A. - notre contacteur principal, en communication avec Dieu et sur la base des nouvelles connaissances données par lui, constitue le fondement de la future sixième race de l'humanité. La connaissance donnée par le Taureau permettra de peser les actions et les pensées de nombreux gens. Aucune bêtise ne sera pas laissée sans l'attention des Juges Suprêmes, rien ne sera manqué. La Balance non seulement pèse, mais aussi divise les âmes. Par conséquent, certaines âmes vont entrer dans la hiérarchie négative, d'autres - dans la hiérarchie positive, certaines vont monter, d'autres vont tomber.

- - -

Maintenant, commentons l'illustration «Tour en feu» (Image 16). En effet, jusqu'à ce que l'événement se produise, on pouvait imaginer que cela se produirait n'importe où, car il y avait beaucoup d'immeubles de ce type dans notre civilisation à la fin du XXe siècle. Des éléments similaires peuvent être trouvés dans de nombreux pays et de nombreuses villes. Par conséquent, on peut supposer qu'un incendie peut se produire n'importe où. Mais il n'y a toujours pas assez de détails pour localiser l'événement.

Mais l'image de la vie est écrite par la Personnalité Suprême, donc une situation similaire peut se produire là-bas et uniquement là où elle est planifiée. Et comme cela était prévu aux États-Unis, à New York, le 11 septembre 2001, les terroristes ont procédé à l'explosion de deux tours jumelles, qui ont même été incendiées de la même manière sur l'aquarelle de Nostradamus. Cela indique d'une part l'exactitude de la vision de l'événement futur par Nostradamus et, d'autre part, l'exactitude de l'incarnation des tracés d'événements écrits par les Supérieurs. Même les détails coïncident, et lorsque l'événement est connu, vous commencez à en trouver la confirmation dans des dizaines de petites choses.

- - -

Considérons aussi les symboles de la croix de pierre d'Hendaye (Images 3, 17, 18, 19) situés dans le sud de la France. Sur les quatre côtés du piédestal de la croix sont des symboles de pierre. La première chose que nous voyons de l'un de ses côtés est notre étoile à «huit branches» de «l'Union» (Image 3). (La signification exacte du symbolisme en étoile se trouve dans le «Dictionnaire de la philosophie cosmique»). Cela confirme que les Systèmes hiérarchiques gouvernent différents peuples et qu'ils ont donné ce symbole d'étoile à l'architecte, qui l'a gravé dans la pierre de la croix.

L'architecture des maçons contient un grand nombre de symboles de toutes sortes, dont certains importaient seulement à l'époque à laquelle ils avaient été donnés; et la partie liée au symbolisme de base survit à des siècles et atteint l'homme moderne. Telle est l'étoile à huit branches, symbolisant l'unité des neuf Systèmes hiérarchiques régissant la Terre.

Le soleil est situé sur le côté opposé de la croix d'Hendaye (Image 17). C'est une source d'énergie de types physiques pour notre Terre et toute la vie qui s'y trouve. Mais sa position en face de l'étoile à huit branches suggère que l'activité du Soleil est contrôlée par des Systèmes hiérarchiques. Ils ont créé le Système solaire avec toutes ses planètes, développant la mécanique céleste de leur mouvement. Tout ici fonctionne selon les programmes développés par les Supérieurs, donc l'activité du Soleil et son activité sont régulées. Lorsque les Supérieurs exigent son activité, il en augmente, comme dans la période actuelle, comme l'enregistrent les scientifiques; et lorsque cela est nécessaire, le degré de radiation diminue. Dans la gestion de ces processus planétaires, les Supérieurs savent quand appuyer sur le «bouton» nécessaire. Le soleil participe aux processus évolutifs du développement de notre planète, à ses transitions d'une orbite à l'autre.

Certaines personnes suggèrent que le soleil s'éteigne et que cela accomplira une prophétie disant que les ténèbres vont descendre sur Terre, ce que l'humanité n'a jamais vu auparavant.

L'obscurité ne peut être qu'à court terme d'une éclipse totale du Soleil et de l'arrivée d'un important volume d'énergie de haute fréquence sur Terre. Par conséquent, compte tenu des caractéristiques structurelles de l'œil humain, après une lumière intense, il voit la noirceur totale. Mais cela passera et les gens commenceront voir clair.

Le soleil ne peut pas s'éteindre, car les Supérieurs ne le permettront pas. Jusqu'à ce que la Terre remplisse ses tâches cosmiques, le Soleil brillera. Lorsque la Terre devient inutile, les Supérieurs enlèveront tout le Système solaire ainsi que notre planète. Puis le Soleil s'éteint. Mais seule la structure matérielle disparaîtra et celle subtile passera dans un autre plan d'existence, dans une autre dimension. Tout se passe un peu différemment qu'on l'imagine. Les gens oublient les processus et les structures subtiles, qui continuent également à se développer.

Mais qu'exprime «un ovale étrange» avec la croix à l'intérieur du troisième côté de la croix d'Hendaye (Images 17, 18)?

Ceci est une représentation symbolique des quatre univers physiques de notre Dieu. Dans nos livres, les univers, pour des raisons de simplicité, ont pris des images sous la forme de quatre carrés combinés en un seul volume (nous avons ce carré). Mais ce volume total (Image 20) est aussi divisé en quatre parties, chacune représentant un univers d'une certaine qualité de matière et ayant sa propre vitesse de développement.

Chaque univers a sa propre hiérarchie, unissant les êtres vivants et les divisant selon les Niveaux de développement. Qualitativement, les univers sont différents et, par conséquent, les êtres qui se trouvent dans un univers ne peuvent pas exister dans un autre, ce qui était la raison pour laquelle ils ont créé leurs propres hiérarchies, et non une hiérarchie commune capable d'unir tous les êtres matériels. Comme nous pouvons le constater, les schémas d'images peuvent être légèrement différents, mais «leur essence reste la même», a déclaré Jay Wedner, commentateur du film «Nostradamus 2012». Ainsi, nous avons découvert que représente symboliquement un ovale sur la croix de Hendaye.

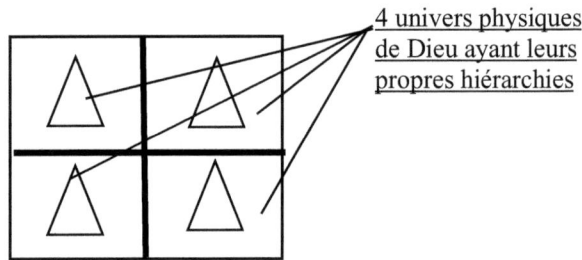

Image 20 Le volume total de 4 univers matériels de Dieu

En face de l'ovale (Image 17) se trouve la lune qui accompagne notre planète. Elle a été créée plus tard que la Terre. La lune était nécessaire pour établir l'équilibre énergétique après l'apparition de la première civilisation sur Terre. Cela produisait de l'énergie qui nécessitait une réglementation. Par conséquent, la Lune a été créée séparément de notre planète et est prête à être transportée au bon endroit dans l'espace, avec l'orientation d'un côté par rapport à la Terre. De ce côté, toujours tourné vers la Terre, se trouve l'équipement technique de la Lune fonctionnant avec les énergies produites par l'humanité.

La Lune est donc un corps artificiel appartenant au type de planètes-mécanismes. De toute évidence, des objets similaires impliqués dans l'équilibre des énergies se retrouvent dans tous les univers physiques. Par conséquent, la Lune sur la croix de pierre est un symbole d'équilibre des énergies dans les univers.

Donc, du point de vue des nouvelles connaissances, nous avons expliqué ce qui est apparu il y a environ cinq cents ans. C'est la raison pour laquelle nous disons que les nouvelles connaissances ouvrent les yeux à de nombreuses choses et phénomènes de notre monde. Une personne qui n'est pas armée de nouvelles connaissances est aveugle parce qu'elle ne voit rien, ne comprend pas l'essence des phénomènes et explique mal beaucoup de choses. C'est pourquoi la connaissance - éclaire et élargit la conscience, grâce à l'assimilation par sa conscience de nouveaux concepts. Plus elle en sait, plus elle voit les processus s'éloigner de la Terre pour aller vers d'autres mondes.

- - -

Je voudrais aussi faire référence aux prédictions de l'ancien astrologue Ragno Néro (Raqno Nero, qui signifie "Araignée noire"). Il était un moine franciscain, vivant probablement au 14ème siècle à Florence. Il était inconnu jusqu'au présent. En 1972, dans l'un des monastères de Bologne, son manuscrit, le "Livre éternel", a été retrouvé, un livre-oracle. Dans ce document Ragno Néro un siècle et demi avant que Nostradamus donne une prévision des événements de la civilisation de notre planète jusqu'à 6323 inclus, soit jusqu'au 7ème millénaire! La méthode de recherche par radio-isotopes a montré que le manuscrit de Ragno Néro avait été écrit au plus tard au 17ème siècle.

En 1981 et 1984 un livre de 800 pages a été publié en Italie par l'Italie, consacré au manuscrit de Ragno Néro et commenté.

Nous ne nous sommes intéressés qu'à certaines de ses prévisions, qui rejoignent nos prévisions. Nous les donnons donc ci-dessous, mais avec nos commentaires.

«1. Au début des années 90 du 20ème siècle, il y aura une épidémie démographique parmi les peuples du sud vivant sur des îles au sud de l'équateur. En 1994, il donnera naissance à un terrible dictateur qui déclenchera une guerre.

2. Après cela, la population commencera à diminuer de façon spectaculaire. La France, l'Espagne, la Turquie et les pays scandinaves disparaîtront. La Tartaria (Russie) ne disparaîtra pas.

3. Il y aura deux soleils et deux lunes dans le ciel. (Évidemment, ce sera exactement Nibiru, qui sera jour et nuit au paradis)*. Il n'y aura pas de nuit. La terre se transformera en un enfer brûlant. Il sera impossible de vivre sur Terre. Le salut vivra seulement dans les airs et

sous la terre. 8 villes souterraines seront construites ... Les gens ne peuvent vivre que dans les montagnes. Beaucoup de gens seront aveuglés par la lumière de deux soleils.

4. Des vagues énormes vont se lever. Elles vont inonder la moitié de l'étendue de la Terre et ensuite revenir en arrière. La position de la Terre entre deux soleils peut causer une activité sismique et hydrique imprévisible. (On observe déjà une activité de l'eau sur la Terre lors d'inondations et de tsunamis constants, plusieurs volcans se sont réveillés, des tremblements de terre faisant de nombreuses victimes et des destructions de plus en plus fréquentes)*.

(Nous ne parlerons pas de la raison pour laquelle une vague énorme a été générée, mais elle proviendra de l'océan Atlantique, tombera sur les côtes de l'Amérique du Nord et du Sud, et frappera l'Europe de l'Ouest de l'autre côté, ce qui réalisera les prédictions du paragraphe 2 ci-dessus)*

5. Le soleil brillera sur l'île d'Erin et le Sauveur viendra de là. Au total, il y aura trois sauveurs sur Terre. L'un d'entre eux descendra des montagnes.»

(L. Seklitova est née dans un hôpital situé sur une montagne de la ville de Novorossiisk. Elle peut donc être un Sauveur, qui «descendra des montagnes». En outre, Novorossiisk est située sur une péninsule, elle est entourée sur trois côtés par la mer. Peut-être Néro ne voulait pas dire l'île d'Erin, mais la péninsule, mais c'est une information pour la pensée des chercheurs)*

$$* \quad * \quad *$$

) * commentaires de l'auteur.

Chapitre 3

QUE PROPHÉTISE LA BIBLE

La Bible est donnée pour les 2 000 prochaines années (jusqu'à 2000) et signale les événements qui attendent l'humanité à l'expiration de ce délai. Regardons ces prédictions qui se sont partiellement réalisées et qui continuent à se réaliser plus loin. Toutes les prédictions sont données de manière allégorique et il faut voir leur signification intérieure. Tout le monde a le droit à sa propre interprétation de la Bible, nous donnons donc des explications sur ses points individuels à sa manière.

Arrêtons-nous sur le fait que la période des vendanges, symbolisant allégoriquement certains processus d'accumulation des âmes par à travers le vin, est particulièrement distinguée dans la Bible. Elle dit: "Il est venu le temps du vendange des grappes de la vigne."

Le vin issu de raisins a été inventé par le Système négatif afin d'identifier les âmes faibles qui succombent à un certain type de tentation.

Les différentes tentations regroupent les gens en fonction du degré de dépravation. Certaines âmes succombent à de très faibles tentations, d'autres picorent les tentations d'un ordre supérieur. Cela aide à répartir automatiquement les âmes en fonction de leur Niveau de maturité. Celui qui est tenté par le vin et incapable d'y résister est un Niveau d'âme, qui est tenté par le vol - un autre Niveau, par le sexe - le troisième, etc. Souvent, le Niveau forme un ensemble de vices. Naturellement, plus une personne en a, moins elle abaisse son Niveau.

C'est-à-dire que les tentations aident à identifier les faiblesses de l'âme d'une personne, leur orientation qualité (tentations), déterminent en même temps l'appartenance de l'âme à tel ou tel Niveau de développement sur l'échelle de l'évolution d'une personne terrestre. Puisque chaque vice est une énergie d'une certaine qualité, les énergies sont distribuées les unes par rapport aux autres en fonction de leur fréquence: plus la fréquence est élevée, plus le Niveau occupé par l'énergie selon sa hiérarchie évolutive dans la gamme générale des énergies terrestres.

Ainsi, les «grappes de raisin» dans la Bible symbolisent le rassemblement des âmes des gens selon certains types de vices (énergies). Et nous voyons que beaucoup de gens se sont présentés comme des alcooliques, des dizaines de milliers d'entre eux sont morts de cette potion.

Il y a eu une vague de maladies vénériennes et de SIDA qui ont pris des âmes vicieuses selon une catégorie différente de défauts détectés par des maladies spéciales. Après c'était le tour de la grippe porcine et la grippe aviaire. Ces deux maladies ont pris des gens qui ont maltraité les produits à base de viande, n'ont pas suivi les régimes et les jeûnes. Ils appartiennent à un Niveau de développement supérieur à ceux éliminés par l'alcoolisme, les drogues et les maladies vénériennes, mais chaque Niveau a ses propres défauts.

Vers 2000 tous les habitants de la Terre ont été mis à l'épreuve à travers des vices et diverses situations, à l'aspiration de nouvelles informations et d'un engagement envers les informations vielles. Chacun a reçu une note d'en Haut et chacun a reçu son destin ultérieur. Si quelque chose arrive à une personne maintenant, alors, dans cette situation, une personne doit modifier certaines qualités, gagner les points qui lui manquent pour passer à la prochaine race.

Beaucoup de choses peuvent déjà être expliquées à une personne sur la base de nouvelles connaissances, il suffit de regarder de plus près autour de soi.

Prenons par exemple, les passages suivants de la Bible (Appel): «Un Ange a dit d'une voix forte: Craignez Dieu, et donnez-lui gloire, car l'heure de son jugement est venue». De quoi parlent-ils?

«L'heure du jugement» signifie que les âmes dans leur développement ont dépassé le cycle de développement défini pour elles. Dans ce cas, il est déterminé pour une période de deux mille ans au cours de laquelle, à travers la nouvelle religion les Supérieurs ont essayé d'y former de la spiritualité. Pendant plus de deux mille ans, les âmes se sont réincarnées à plusieurs reprises, ont participé à divers événements, ont progressé, se sont dégradées.

Mais le cycle de développement est terminé et le moment est venu de passer des examens cosmiques. Comme tous les types d'examens sont terribles pour les humains, les Supérieurs l'appellent le Jugement dernier. Et il est vraiment effrayant, car il résout la question principale: laisser une âme aller plus loin dans l'évolution, la détruire complètement comme une incapable ou l'envoyer dans un autre monde pour affiner ses qualités. Les Supérieurs jugeront - pour déterminer la direction future pour chacun, c'est pourquoi la Bible poursuit:

"Et un autre Ange est sorti et s'est écrié: Lance ta faucille, et moissonne; car l'heure de moissonner est venue". C'est pourquoi toutes sortes de catastrophes, accidents, cataclysmes, emportant l'âme des gens du monde physique, sont devenus plus fréquents. Ce sont des manières de prendre des âmes, des manières de récolter. Elles sont nombreuses, et comprennent aussi les maladies et les catastrophes naturelles. Chacun a son propre chemin vers le monde subtil à travers sa propre situation. En même temps, ils enlèvent souvent pas les mauvais, mais les "mûrs" pour un monde donné, dans lequel ils ne peuvent pas rester, parce que ce monde ne peut rien leur donner de nouveau pour le progrès de l'âme. Mais ils nettoient dans une certaine séquence, et cette séquence n'est connue que des Supérieurs, et elle est définie par leur objectif du travail avec les âmes.

Prenons les mots suivants dans la Bible: "Le premier Ange a versé sa coupe sur la terre: de gros ulcères forts pénibles apparaissent sur tous ceux qui portent la marque de la bête et adorent son image".

L'utilisation d'engrais dans les champs pour la culture, la pollution de l'air par les gaz ont entraîné des désordres métaboliques dans le corps humain et l'apparition d'allergies cutanées, de psoriasis et d'autres maladies de la peau.

"Le deuxième verse sa coupe sur la mer: voilà du sang comme après un meurtre, et tout ce qui vit dans la mer en meurt."

La mer d'Aral, la mer Caspienne et la mer Noire sont mortes et, dans cette dernière, de l'hydrogène sulfuré monte du fond, provoquant la mort de la flore. Les baleines et les poissons s'éjectent à terre et meurent. De tous les accidents qui polluent la mer avec du pétrole et d'autres eaux usées, des poissons et des oiseaux meurent.

Le troisième Ange a versé sa coupe sur les rivières et les sources d'eau douce, c'est du sang partout."

La civilisation a l'habitude de déverser tous les déchets d'usines et d'usines dans des rivières. L'eau de certaines d'entre elles est devenue tellement sale que les baigneurs se sont couvertes de plaies et que le poisson est mort.

Mais chaque personne raisonnable pensera involontairement: "Pourquoi les Anges font-ils du mal aux gens?"

Les Anges ne font pas le mal. Il s'agit des êtres intelligents travaillant avec l'humanité et la Terre. Ils ont donné aux gens des connaissances en chimie et en physique (énergie nucléaire), ce qui a créé une puissante production industrielle de biens industriels légers et lourds. Mais l'homme était incapable de gérer les déchets et a commencé à polluer la terre, les rivières, les réservoirs, l'atmosphère. Les Supérieurs le prévoyaient et, à travers la Bible, essayaient d'avertir l'humanité des conséquences, c'est-à-dire que tout ce qui est à l'extérieur peut alors se retrouver à l'intérieur d'une personne et commencer à la détruire à cause des maladies et de l'environnement. Mais l'homme n'a pas réfléchi aux conséquences, donc tout ce qui a été mentionné dans la Bible a suivi.

«Le quatrième ange a versé sa coupe sur le soleil, il a commencé a commencé à brûler les humains».

Et en effet, l'activité solaire a augmenté, les radiations cosmiques ont augmenté en raison de la présence de trous dans la couche d'ozone. Ces radiations sont devenues mortelles pour de nombreuses personnes, augmentant ainsi le nombre de cas de saignements, de cancers. Et, comme les Supérieurs disent, l'activité accrue du Soleil continuera pendant encore cent ans (jusqu'à la fin du 21e siècle).

Mais pourquoi a-t-il été demandé de brûler des gens avec du feu? Ceci a été fait afin de distinguer une certaine catégorie de personnes dont la biologie était affaiblie par l'influence des émotions, du stress et ne pouvait pas supporter le rayonnement solaire, et l'énergoprotection de la coquille astrale était faible pour empêcher ces émissions et protéger correctement la coquille matérielle. Ces déviations nécessiteront un renforcement du travail des Développeurs Supérieurs de formes vivantes. Ils devront renforcer et renforcer la matière biologique, ce qu'ils font pour la sixième race. Leur coquille matérielle sera capable de résister à des radiations mille fois plus élevées que le corps d'un homme moderne. Autrement dit, une augmentation de certains paramètres environnementaux révèle le déchet dans la matière physique du corps humain lui-même.

On dit ce qui suit:

«Le cinquième Ange a versé sa coupe sur le trône de la bête, la nuit est venue sur tout son royaume. Les gens se mordaient la langue de douleur et ils insultaient le Dieu du ciel à cause de leurs douleurs et de leurs ulcères. Ils ne se sont pas repentis de leurs oeuvres."

Le Cinquième Ange a donné la liberté aux activités du Système négatif, ainsi toutes sortes de délinquances, de meurtres ont disparu, un homme est devenu sans défense devant les forces du Diable. Au cours de la même période, beaucoup de jeunes âmes étaient impliquées dans la circulation de la vie, ne comprenant pas pleinement la différence entre le bien et le mal. Par conséquent, prenant exemple sur des individus négatifs qui, au cours de cette période, ont eu le maximum de liberté pour corrompre des individus positifs (à d'autres époques, les lois de la société limitent leur influence), les jeunes âmes positives se sont également précipités sur la voie du mal et de la tromperie.

Les individus négatifs ne peuvent pas se repentir de ce qu'ils font. Aucun exemple de correction d'une action négative, de leurs erreurs ou de leurs remords pour des actions négatives n'a donc été donné. Les gens ont perdu leurs idéaux positifs, se sont empêtrés dans leurs actions, et une personne déshéritée et sans défense est devenue abattue, de sorte que le royaume des hommes est devenu sombre. Il a commencé à lutter pour l'argent, la célébrité, le divertissement, en oubliant la spiritualité, à savoir qu'elle apporte une lumière pure et un grand espoir pour un avenir meilleur.

La Bible met en garde contre les punitions infligées après le mauvais mode de vie d'une personne. Ainsi, il est dit (paragraphes 8, 9, chap. 13):

«Et ce sera sur toute la Terre, dit le Seigneur: deux parties seront détruites, s'éteindront et la troisième restera dessus.

Et j'apporterai cette troisième partie dans le feu et les fondrai, comme l'argent est fondu, et je les purifierai, comme l'or sera purifié: ils invoqueront mon nom, je les écouterai et dirai: ceci est mon peuple, et ils diront: Seigneur est mon Dieu! " C'est la même chose, comme il est dit dans nos livres, qu'un tiers de la population restera sur Terre, mais qu'ils continueront à se développer et qu'ils seront purifiés par des difficultés jusqu'à ce qu'ils voient clairement.

La Bible indique à maintes reprises les punitions infligées à ceux qui ne veulent pas vivre dans la justice: «Le jour du Seigneur arrive, féroce, avec colère et fureur, pour faire de ce pays un désert et en éliminer ses pécheurs» (paragraphe 9, chap. 13). Ou bien (paragraphe 11, chap. 11): "Par conséquent, le Seigneur le dit: maintenant, je vais leur causer un désastre dont ils ne peuvent se débarrasser, et quand ils m'appellent, je ne les entends pas."

Tout peut être trouvé dans cette période sur notre Terre, les sols fertiles dégénèrent pour des raisons inconnues; certaines zones dans lesquelles d'importants rendements ont été récemment récoltés sont recouvertes de sable, d'autres de marais salés et d'autres balayées par le vent. Les scientifiques suggèrent que d'ici 2150, le sol deviendra stérile et que les gens mourront de faim.

Et la menace de catastrophes s'exécute maintenant avec une précision incroyable: nous voyons comment les tsunamis entraînent les pêcheurs dans l'eau, les inondations et les incendies détruisent les villes et les économies de nombreux pays. Dieu punit. Et il n'y a rien à faire, l'homme lui-même est coupable d'être aveugle et sourd à ses appels et de continuer à jouir de la vie de façon irrésistible au lieu d'apprendre et d'élever son âme. En vain, ils commenceront à un moment difficile pour demander l'aide de Dieu: tout comme ils ne l'ont pas entendu quand il est descendu sur Terre, de même il ne veut pas les entendre et les aider. Le temps de l'aide des Forces Divines est écoulé. Tout le monde va maintenant travailler sur leur karma.

La Bible prédit donc ce que nous avons l'occasion d'observer maintenant nous-mêmes. Il vous suffit de regarder de plus près autour de vous et de faire de petites comparaisons. Et quand une personne accumule la connaissance du niveau approprié, elle commence alors à voir avec l'esprit ce qui se passe autour de nous à ce moment-là.

Les connaissances éclairent l'esprit. Elles seules donnent à une personne une vision et une compréhension spéciales de ce qui se passe à la lumière de processus cosmiques ou de textes anciens. Tout comme certaines connaissances spéciales permettent de décoder des hiéroglyphes anciens, d'autres connaissances spéciales permettent de décoder le contenu sémantique des Écritures.

APPEL À DIEU
(processus liés à la religion)

Question: Les gens commandent des services funéraires pour les parents décédés. Et si ces âmes vivent déjà dans un nouveau corps, ne leur ferons-nous pas de mal?

Réponse: Dans ce rituel, le moment de l'éducation des âmes est important, c'est-à-dire que la personne n'oublie pas sa famille et ceux qui l'ont côtoyée dans la vie. Se souvenir des morts et leur rendre hommage est une accumulation de qualités positives sous la forme du respect de leurs semblables.

Le service commémoratif est associé aux rituels de l'église et à l'égrégore religieux. Par conséquent, lorsque l'âme d'un ancien parent a déjà réussi à s'incarner dans un nouveau corps et existe parallèlement à vous quelque part dans le même monde, l'énergie du rituel funéraire entre dans L'égrégore de l'église - cet accumulateur et distributeur de toutes les énergies associées aux rituels de l'église. Dans chaque égrégore religieux, l'énergie est distribuée par Niveaux et par qualité.

Lorsque l'âme d'un parent décédé se trouve dans le monde subtil, l'énergie de divers rituels lui est généralement transmise (uniquement si les proches demandent au prêtre de mentionner son nom dans le rituel), mais une certaine partie de l'énergie reste dans l'égrégore commun pour un usage général. L'égrégore religieux a un volume séparé destiné directement à aider les âmes du monde subtil et les personnes dans la vie.

Quand une personne revient à la vie et existe parallèlement à ceux qu'elle a laissés dans un autre organisme et qu'ils ont ordonné un requiem, elle peut toujours recourir à l'aide d'un responsable religieux en cas de maladie ou de situation difficile. L'énergie de secours de l'égrégore général lui sera envoyée, mais qualitativement différente, car dans le monde subtil, les âmes ont besoin de certains types d'énergies supérieures et ceux qui se trouvent dans le monde physique ont besoin d'énergies plus grossières pour les aider. Il se passe la redistribution des types d'énergie. Par conséquent, un égrégore religieux commun est requis, qui collecte toutes les énergies envoyées par les rituels de l'église et les distribue ensuite conformément aux règles religieuses adoptées ci-dessus pour les répartir dans les mondes physique et subtil.

Question: Faut-il prier pour les enfants et pourquoi?

Réponse: Oui, il faut prier pour les enfants. Cela les aide dans les situations difficiles. Si un parent prie, c'est-à-dire qu'il se tourne vers les Maîtres Supérieurs pour aider son enfant, il n'est pas indifférent au sort de son enfant. Les Supérieurs apprécient **les efforts et le soin** des parents envers leurs enfants. **Dans ce cas, les gens développent la qualité de responsabilité pour les autres, de compassion pour eux, d'amour.** La religion aide à éduquer un individu.

Les Supérieurs essaient toujours d'aider un tel enfant, de changer la situation en mieux, ou d'envoyer à l'enfant un enseignant terrestre qui le guidera vers le vrai chemin. Et si vous avez besoin d'aide pour améliorer votre santé, ils l'aident dans certaines limites d'autorisation.

Si l'enfant fait des erreurs fréquentes et ne veut pas écouter les instructions des adultes ou s'il agit cruellement avec quelqu'un, les Supérieurs ne l'aideront pas. Tout le mal devrait être puni.

Mais si vous aidez constamment une personne, elle cessera de résoudre ses problèmes elle-même et espérera toujours recevoir de l'aide d'en Haut, pour que le progrès de l'âme ne se produise pas. Et pour s'améliorer, une personne doit apprendre à résoudre elle-même toutes les situations difficiles de la vie. Par conséquent, les Supérieurs dans certaines situations peut aider s'il le considère comme vraiment difficile, et dans d'autres il sera inactif, persuadé qu'une personne peut résoudre cette situation elle-même.

Question: Avons-nous besoin d'icônes et d'amulettes dans les voitures, les appartements, les bureaux? Quelles sont leurs fonctions?

Réponse: Dans les voitures, les icônes sont nécessaires. Elles attirent des énergies positives et s'associent à un égrégore chrétien qui protège leurs croyants.

La route est souvent gérée par un Système négatif. Et elle aime organiser toutes sortes de provocations sur les voies de circulation: se substituer les voitures les unes aux autres, perturber la perception psychologique du conducteur concernant la vitesse, éteindre la conscience et la vigilance du conducteur, etc. Tout cela est fait par elle afin de créer des accidents.

Mais les Substances négatives évitent les énergies positives des icônes, elles essaient de ne pas se mêler d'une telle machine, car elles savent qu'elle est sous la protection des Forces de la Lumière.

Les amulettes qui établissent une connexion avec le système d'aide ou les Anges Gardiens d'une personne aident également. Mais différentes amulettes ont des atouts différents. Certains aident plus, d'autres moins. Tout dépend de la force de ce guérisseur ou de cette sorcière qui y a mis toute son énergie. Cependant, tous les charmes ne sont valables que pendant un certain temps et si leur protection ne reprend pas après l'heure prévue, la personne redevient sans défense.

Cependant, les amulettes, comme les icônes, n'affectent pas les situations karmiques. Le karma inclus dans le programme est plus fort que toute protection fournie par un psychique ou une sorcière.

Quant à la présence d'icônes dans les bureaux, cela n'est pas nécessaire. Les représentants du Système négatif peuvent travailler à côté de vous, les icônes ne vous aideront donc pas et ne sont pas nécessaires. De plus, les musulmans, les bouddhistes et les représentants d'autres religions peuvent travailler au bureau. Par exemple, une icône chrétienne agacera les représentants d'autres religions et la mettra en opposition avec ceux qui croient en leur Dieu. Il s'ensuivra une inimitié purement psychologique, l'inimitié de différentes nations. Par conséquent, il ne faut pas rappeler aux gens qu'ils sont quelque peu différents les uns des autres.

Question: Le décodage de l'âme et la transition dans le volume de Dieu - ces processus sont-ils la mort?

Réponse: Ces deux processus sont associés à la mort en tant que déversement du corps matériel et transition vers le monde subtil. Mais en outre, les processus de décodage et d'entrée en Dieu sont très différents et on peut les appeler le contraire.

Le décodage est la destruction de l'âme pour une vie dissolue, lorsque tout ce que l'âme a accumulé pour son existence en est débarrassé. Détruisez d'abord le corps physique, puis l'âme. Le décodage est le processus de destruction des âmes défectueuses, détruisant pour une manière d'être injuste. Par ce processus, les âmes ne sont pas autorisées à évoluer, leur existence et leurs réincarnations cessent.

Et l'entrée dans le volume de Dieu, bien qu'elle se produise après la mort d'une personne, mais ce processus suggère que cette âme a atteint la plus haute perfection possible dans le monde terrestre et qu'elle devrait se développer dans un monde plus élevé - dans le volume de Dieu.

Ainsi, bien que la mort soit nécessaire pour procéder au décodage et pour aller plus loin dans le volume de Dieu, deux âmes de qualités différentes vont ensuite dans des directions différentes: l'une continue de vivre et d'évoluer, l'autre, en tant que personne, disparaît à jamais chiffre d'affaires de l'évolution. C'est-à-dire que ces processus concernent des âmes qualitativement opposées.

Question: Il y a beaucoup de personnes négatives sur Terre. Est-ce qu'elles visitent l'église?

Réponse: Oui, elles utilisent les services de l'église comme tout le monde. Dans notre monde, il est fait en sorte que les gens ne sachent pas exactement qui est lié au Système positif de Dieu, qui est le Système négatif du Diable. La Terre a été créée pour y faire pousser des âmes d'une certaine qualité, afin de les utiliser dans un volume spécifique de l'univers afin de poursuivre son évolution et son renouveau. Mais comme l'évolution est divisée en deux branches, la qualité requise consiste en une partie positive et une partie négative, semblables au même dipôle, comme un aimant à deux pôles opposés, comme le corps physique d'une personne elle-même, dans lequel les flux positifs «Yang» se déplacent dans un volume et les négatifs sont Yin. En d'autres termes, la présence de personnes positives et négatives est naturelle et nécessaire à l'évolution du monde. Ce sont des personnes qui devront participer à différents processus, mais elles les choisissent elles-mêmes.

L'Église ne divise pas les gens en positifs et en négatifs, elle accepte tous ceux qui souhaitent aller à Dieu et avec Lui. Par conséquent, sous le dôme des églises viennent à la fois des individus positifs et des individus négatifs, mais tous sont de jeunes âmes qui n'ont pas encore atteint le stade de développement souhaité. Donc, jusqu'à ce stade, elles sont tous ensemble et après ce stade, il y aura une séparation finale des âmes, et les positifs existeront dans les mondes de Dieu et continueront à se développer là-bas.

Et tandis que les âmes sont jeunes, elles ne savent pas laquelle d'entre elles est positive ou négative. Elles croient qu'elles sont tous identiques, ne diffèrent que par les traits de caractère. Et seule notre connaissance nous permet d'identifier deux types d'âmes par leur comportement, par leurs aspirations et leurs préférences dans la vie. Seule l'observation combinée à de nouvelles connaissances nous permet de déterminer la qualité fondamentale de l'âme.

Dans l'église, même le prêtre ne sait pas qui est positif et qui est négatif. Sa tâche est d'accroître la spiritualité des gens et de nettoyer leurs âmes de la saleté. Par conséquent, les individus tant positifs que négatifs avaient l'habitude de prier Dieu, bien que leurs maîtres soient différents. Le manque de connaissance, l'ignorance permettent aux âmes d'utiliser les méthodes générales de purification et d'élévation des âmes à l'échelle de la hiérarchie de l'humanité. Mais le résultat global de leur développement est la progression des âmes et une augmentation de leur énergopotentiel, ce qui leur permet d'atteindre le dernier stade de développement sur Terre et la transition vers le monde subtil, vers l'existence éternelle des deux types d'âmes.

THÈMES DIVERS

Question: Les plantes brillent sur les images de Kirlian. Comme l'homme, ont-ils leur propre aura?

Réponse: Toute plante a une structure subtile, de l'énergie et sa propre aura. Dans certains cas, elle est petite, dans d'autres - elle est grande. Chaque plante est connectée à son Système cosmique, qui gère ces états de vie. Ces Systèmes leur fournissent de l'énergie de certains types. Par exemple, les plantes d'Amérique et d'Europe qui poussent à la même latitude se nourrissent d'énergies différentes, car la structure énergétique de la zone dans laquelle elles se développent est importante. Par conséquent, les roses à New York et à Paris seront construites sur différents types d'énergies. Par conséquent, leur aura sera différente dans sa manifestation subtile.

Les plantes traitent également l'énergie qui leur est envoyée d'en Haut, tout comme une personne, et ces Systèmes leur enlèvent une certaine quantité d'énergie déjà traitée. Ce mécanisme est commun. Simplifié, cela ressemble à ceci: tout d'abord, d'en Haut, d'en Haut on envoie un type d'énergie à une plante, elle la traite et renvoie au Système un type d'énergie plus élevé et dans un volume plus important. Les Systèmes collectent l'énergie des plantes pour leurs besoins. Dans ce cas, il ne faut pas oublier la connexion énergétique de la plante avec une certaine zone de la planète, ce qui indique la présence d'énergoéchange intense entre eux et la communication avec leur planète du Système solaire. Tout cela affecte l'aura de la plante, elle peut alors briller plus fort, puis s'atténuer..

Question: Si les gens se déplacent sur une autre planète, comme les Lémuriens, leurs Déterminants resteront-ils les mêmes?

Réponse: Une fois que les Lémuriens sont arrivés sur Terre, leurs Déterminants sont restés les mêmes, car pour eux, notre univers est un monde régi par eux. Et si les Lémuriens venaient d'un autre univers, il faudrait alors que leurs Déterminants changent, car les fonctions des univers et l'énergie avec laquelle ils travaillent changent. Les Maîtres Célestes eux-mêmes, dirigeant les êtres vivants dans d'autres univers, sont différents des Maîtres Célestes Terrestres, et ils ont besoin de construire une énergie d'un type différent de leur propre chef que dans notre univers. De plus, les mécanismes de maintien des formes de vie diffèrent, ce qui conduit à une connexion technique complètement différente entre les mondes supérieur et inférieur. Mais pour être précis, la délocalisation d'un autre univers dans le nôtre ne peut avoir lieu pour les raisons indiquées dans l'article sur Lémurie.

Par conséquent, si les gens se déplacent sur une autre planète de notre univers, les Déterminants qui leur sont associées resteront les mêmes.

Question: Il y a beaucoup de contacteurs sur Terre. Quel est leur but principal?

Réponse: Leur tâche est de diffuser une nouvelle énergie aux personnes autour de nous. Un contacteur est une personne spécialement construite et conçue pour recevoir de l'espace un potentiel énergétique plus puissant que celui qu'une personne ordinaire peut supporter. De plus, quantitativement, il est capable de transformer par lui-même une plus grande quantité d'énergie qu'un simple individu ne peut passer par lui-même.

Chaque personne a sa propre structure subtile. Mais au cours de la période de transition du changement d'époque, le passage à un Niveau supérieur ne permet pas à chaque personne d'exploiter le potentiel puissant des énergies cosmiques précisément à cause de sa structure mince. Pour que cela se produise, il est nécessaire de le reconstruire. Mais il y a beaucoup de ces personnes qui ne sont pas capables d'accepter immédiatement une énergie puissante, c'est l'essentiel. Par conséquent, il n'est pas rentable pour le supérieur de reconstruire tout le monde, de dépenser de grosses sommes d'argent dessus. Les Supérieurs ont choisi une manière différente. Afin de ne pas reconstruire des centaines de millions de personnes, ils ont introduit les personnes dans leurs couches de redistributeurs d'énergie, qui étaient de nombreux contacteurs. Ils sont construits de manière particulière sur la réception de l'énergie et sa redistribution à d'autres.

La tâche principale du contacteur est de prendre le type d'énergie souhaité et de le transformer aux autres. La redistribution se produit par la transmission de certaines informations aux auditeurs. Les gens écoutent ses paroles, comprennent ce qu'il a dit et assimilent une nouvelle énergie qui les pénètre dans de coquilles subtiles.

Mais tous les contacteurs, bien qu'ils appartiennent à différents Niveaux de développement, transmettent de nouveaux types d'énergies au contact des personnes. La transmission peut se faire à travers le mot, les exercices. Cependant, de différents contacteurs transmettent des énergies de différents Niveaux et de différentes qualités, et non un seul. Mais toutes les énergies sont d'un ordre plus élevé que celles qui existaient sur Terre avant la descente des énergies par les Supérieurs.

Telle est la fonction des médiums. Ils redistribuent également une nouvelle énergie par eux-mêmes, mais différemment - par le traitement des malades. Ils relaient une nouvelle énergie pour abaisser les gens. Ce sont ceux qui ne sont pas intéressés par les connaissances particulièrement nouvelles, leur intelligence est peu développée, ils ne sont donc pas intéressés par ce que dit le contacteur. Ils ne s'intéressent qu'à leur propre santé et la crainte de la perdre les pousse à penser à des médiums, alors qu'ils font des miracles pour guérir. Ici, vous n'avez pas à vous fatiguer la cervelle, à comprendre quelque chose, à vous détendre - et vous recevrez une partie de l'énergie vitale des mains d'un psychique.

Par conséquent, les contacteurs redistribuent un énergopotentiel plus élevé aux personnes par le biais de nouvelles informations et de médiums - un énergopotentiel plus bas. Mais les deux, à leur tour, sont également divisés en plusieurs Niveaux de développement, certains d'entre eux sont plus élevés, d'autres sont plus bas, un troisième est conçu pour un certain type de personnes. Tous aident ceux qui entrent en contact avec eux. Ils aident à améliorer l'énergopotentiel d'autres personnes et facilitent la transition vers la prochaine étape de développement.

SYNERGÉTIQUE

Question: Comment voyez-vous la synergétique? Est-ce une approche scientifique des phénomènes naturels?

Réponse: La synergétique est une science qui étudie les processus d'auto-organisation de la matière. Elle explique l'émergence de tout dans le monde en raison de la combinaison arbitraire d'un certain nombre d'options de connexion qui donnent un résultat donné. Des éléments individuels ou des systèmes entiers sont connectés dans des états plus complexes capables d'exister et de se développer.

En termes simples, la synergétique affirme que tout dans le monde est créé par des connexions et des interactions aléatoires. Ce qui est le plus stable est retardé dans son évolution et, devenant de plus en plus complexe, atteint un niveau de développement plus élevé, et ce qui est instable est détruit. Mais tout se passe absolument seul, par hasard.

En même temps, pour une raison quelconque, la nature laisse tout ce qui est le plus rationnel et le plus progressif pour l'existence de ce monde. La nature «sait choisir», donc ceux qui ont créé cette science dotent néanmoins la nature d'un esprit capable de laisser à l'évolution tout ce qui est le plus complexe, stable et harmonieux. La nature «sait» dans quelle direction (du plus simple au plus complexe, du moins élevé au plus élevé) devrait aller le développement progressif. C'est-à-dire que les scientifiques parlent de l'auto-organisation de la matière, mais ils laissent le principe rationnel à la base. C'est sur cette base que seul subsiste dans le monde ce qui progresse dans le développement. Ainsi, ils reconnaissent involontairement l'existence d'un Esprit supérieur (dans la personne de la Nature), qui dirige la direction du développement du simple au complexe.

Ceux qui ont créé cette science ont saisi le processus de la nature comme un fragment, sans début ni fin, et ont commencé à expliquer et à construire le monde à l'aide de ce fragment.

Bien entendu, la synergétique en tant que science n'a pas le droit d'exister, car elle explique beaucoup de choses fausses.

La matière n'est pas capable de s'organiser en structures et en états de vie. Ce qu'ils appellent auto-organisation n'est rien d'autre que **la construction de la matière sur la base d'un programme développé par les Créateurs Supérieurs.**

S'il est nécessaire que le cristal se développe, il est doté d'un programme qui dicte quels éléments chimiques doivent participer à sa construction et comment, dans quelle séquence un élément doit être connecté à un autre, la forme de construction et le débit de ce processus sont spécifiés.

Les scientifiques, ne voyant pas les interactions subtiles et le programme du cristal, situé dans sa coquille subtile, perçoivent la croissance des cristaux comme une auto-organisation de la matière, ce qui en réalité ne l'est pas.

Tout doit toujours nécessairement avoir pour but la création et l'existence. Par conséquent, ce qui est considéré comme une auto-organisation comporte une étape de développement de la conception par l'Esprit Suprême, la compilation d'un programme contrôlant le processus en cours et l'objectif de la création. À savoir, ces trois tendances les plus élevées restent au-delà des limites de la perception et de la compréhension humaines. Il ne voit qu'une partie du boa constrictor, ne sachant pas qu'il a toujours une queue et une tête.

Pas seulement dans notre monde, mais dans tout l'univers, rien ne pourrait se développer sans programme, en soi, car l'univers est un grand ordre. L'auto-organisation ne peut avoir lieu que lorsque la matière est donnée au programme de l'organisation, à l'orientation de son développement. Même toute la destruction se produit selon le programme, car il est nécessaire, en détruisant l'ancien, obsolète, de laisser le droit à de futures constructions conformément aux intentions de la création.

CARACTÉRISTIQUES DE LA VISION DES MONDES

Question: Dans l'un de vos livres, vous avez mentionné un jour que les Déterminants peuvent regarder à travers les yeux d'un humain. Pourquoi en ont-ils besoin? Ne peuvent-ils pas voir notre monde de leurs propres yeux?

Réponse: Un humain n'a pas encore accumulé les concepts corrects concernant les possibilités des Personnalités Supérieures vivant dans leur monde subtil, et donc dans une autre dimension, et obligées de communiquer avec des êtres matériels, tels qu'un humain. Par conséquent, je vais donner une explication détaillée. Parlons de la vision du monde par différentes créatures. D'une part, cela ressemble à un fantasme, d'autre part, cela est déjà devenu la réalité habituelle d'une société civilisée. Beaucoup de choses nous deviennent claires uniquement parce que nos scientifiques ont appris à utiliser les puces et les microcircuits pour gérer les états vivants.

Mais passons aux organes de vision humains.

Il existe une telle phrase: "Voir le monde à travers les yeux des autres." Un individu en profite souvent, ne pensant pas particulièrement à une telle opportunité. Il voit d'autres pays à travers des films de réalisateurs, des photographies. Ou prenez, par exemple, une image accrochée au mur; une sorte de structure architecturale. Dans ce cas, un individu voit le monde à travers les yeux d'un artiste et d'un architecte. Mais il peut aussi voir le passé à travers les yeux d'un historien, les bacilles à travers les yeux de microbiologistes, etc.

Les personnes qu'elles voient et comprennent sont capables de s'afficher dans la connaissance, dans des images qui deviennent accessibles à la compréhension d'individus ayant un Niveau de développement inférieur, et ne peuvent donc pas voir et comprendre la même chose à travers leurs propres structures. Un tel transfert de nouvelles connaissances à d'autres permet à une personne d'élargir le degré de sa propre vision. Ainsi, grâce à un certain nombre de moyens techniques auxiliaires, une personne a appris à comprendre ce que les autres voient.

Mais les scientifiques sont allés plus loin. Ils se sont intéressés à savoir ce que voient les animaux, les oiseaux, les insectes? Ils ont commencé à explorer la vision du monde qui les entoure par d'autres créatures et sont devenus convaincus que les grenouilles, les serpents et de nombreux autres habitants vivants de la Terre voient des choses absolument différentes.

Chaque animal, oiseau, insecte, poisson voit le monde à sa manière et de manière sélective, y choisissant uniquement ce dont ils ont besoin pour vivre, et ils ne remarquent pas et ne voient pas tout le reste. Cela nous permet de conclure que les yeux de chaque espèce vivant sur Terre voient tout à leur manière. Et **les yeux des créatures d'autres mondes sont à l'écoute de la gamme de fréquences de leur monde.**

Le monde terrestre, si bien connu de l'homme, est seul pour des millions de créatures de toutes sortes. Mais ils le voient tous de différentes manières, par fragments et dans leur reproduction, si on leur donnait l'occasion de le représenter, ce serait pour nous méconnaissable.

Et puisque, sur la base de la connaissance supérieure, nous savons que la forme vivante est créée en tant que construction, il est clair que le œil de l'animal est construit de manière à ce qu'il puisse voir et comprendre uniquement ce dont il a besoin pour son existence. Tous les éléments inutiles du champ de vision sont supprimés. Mais cela ne signifie pas qu'il cesse d'exister. Il continue d'être dans le même monde.

C'est-à-dire que certains voient dans le monde certains de ses plans ou fragments, et les autres - d'autres. Le scarabée voit le sien et ne remarque pas ce qui est accessible à la vue humaine. L'aigle a la vue vive, mais il voit dans un foyer étroit, puisque les visions doivent être liées à des concepts. L'aigle voit une télévision ou un téléphone portable, mais les perçoit comme des cailloux. Il verra la flûte, mais il la percevra comme un bâton ordinaire, une branche d'arbre, ne réalisant pas le véritable but de ce sujet. L'oiseau donne ses concepts aux objets et, pour voir la véritable essence des choses, il doit élargir sa conscience, c'est-à-dire accumuler des connaissances et des concepts correspondant au but véritable de ces objets.

C'est pourquoi les Maîtres Supérieurs exigent également de la personne une expansion de conscience, ce qui correspond à l'acquisition de nouvelles connaissances supérieures, qui lui révéleront l'essence de beaucoup de choses et de phénomènes dans le monde réel.

Ainsi, les exemples ci-dessus montrent que la vision n'est pas seulement sélective, mais qu'elle est toujours associée aux concepts de l'âme. Par conséquent, plus les créatures sont élevées au Niveau de développement, plus elles voient et comprennent ce qu'elles voient. Pourquoi un individu voit-il le monde subtil (certains clairvoyants) et ne peut-elle pas vraiment en parler? Parce qu'il n'a aucune idée de ce monde. Pour décrire ses desseins, il doit accumuler des connaissances à son sujet. Et la connaissance construira des concepts dans sa matrice de concepts, créant ainsi la base pour élargir le rayon de sa vision.

Il n'est pas suffisant de voir, il faut toujours comprendre ce qu'on voit.

Grâce aux concepts acquis (à partir de la connaissance du monde), une personne commence également à comprendre ce qu'elle voit, en fonction des connaissances accumulées précédemment. C'est-à-dire que la vision est toujours liée à la compréhension que vous voyez. Si maintenant vous ne comprenez pas ce que vous avez vu, alors, quelque temps après avoir accumulé les connaissances nécessaires, tout deviendra clair.

L'homme (et d'autres créatures) se voit attribuer un certain rayon de vision afin d'apprendre à comprendre chaque objet du monde. Et ce qui dépasse le rayon de ses concepts n'est plus perçu par lui. Par exemple, à côté d'une personne, il y a de nombreuses créatures du monde subtil, y compris des fantômes et des âmes de ceux qui viennent de mourir, mais il ne voit rien.

Ainsi, chaque créature voit le monde dans sa perspective de compréhension. Certains n'ont pas besoin de voir quoi que ce soit qui ne soit pas associé à la direction de l'objectif de leur développement. Chaque créature est guidée par des fonctions spécifiques du développement, car elle est prédéterminée à l'avance pour un lieu d'existence spécifique dans la Nature. Par conséquent, tout ce qui s'y trouve (dans la Nature) est soumis au but donné de son développement. Pour cette raison, les Supérieurs font artificiellement que l'un dans le monde voit cette créature et l'autre pas.

Par conséquent, la troisième chose qui participe à la capacité de voir est le programme. C'est elle qui dirige l'être vers ce qu'il devrait remarquer et connaître et cesser d'exister. Cependant, pour voir si sélectivement, l'œil doit également être construit d'une certaine manière. Dans la structure de l'œil humain, où, semble-t-il, tout a longtemps été étudié et qu'il n'y a rien de nouveau, les chercheurs découvrent l'inconnu.

Par exemple, dans l'un des articles du journal «Force invisible» (n ° 4, avril 1998), de nouvelles données sont apparues sur la structure de l'œil humain. Les scientifiques ont étudié la «tache jaune», qui est une petite zone en retrait au centre de la rétine. Il n'y a pas de bâtons à cet endroit (j'espère que tout le monde se souvient de ce que nous voyons avec les bâtons et les cônes contenus dans la rétine), mais les cônes sont concentrés avec une densité très élevée (environ 150 000 par millimètre carré). Ces cônes sont capables de percevoir les images avec une grande clarté dans le spectre invisible, c'est-à-dire de voir le monde subtil. Les chercheurs concluent que le "point jaune" est une sorte de récepteur de télévision contenant des images du monde subtil. (Mais seulement de telles images qu'une personne peut voir si elle s'accorde à une certaine fréquence d'énergies).

Par conséquent, les Concepteurs Supérieurs prévoyaient d'utiliser l'œil humain pour une vision plus large, il devait voir le monde subtil. Mais au cours du développement, seuls quelques-uns ont atteint cette capacité.

Et maintenant, revenons aux organes de vision du Déterminant pour répondre à la question posée. Il est clair que, dans le but de son développement, il ne voit également que quelque chose de spécifique, correspondant à son Niveau et contribuant à son développement. Par conséquent, tout ce qui est superflu et déjà passé, et donc connu, est retiré du rayon de sa vision et tout ce qui contribue au progrès reste. Par conséquent, les organes de vision du qualificateur (le soi-disant à notre avis - les yeux) sont spécialement construits sur la perception d'une certaine gamme d'énergies et il ne voit le monde que dans cette gamme. Le Déterminant voit l'environnement dans sa dimension et toutes les autres dimensions de celui-ci sont artificiellement (au-dessus) fermées, bloquées. Les créatures du premier Niveau de la hiérarchie de Dieu voient un monde et les créatures du deuxième niveau - un autre monde.

Par conséquent, le Déterminant qui conduit une personne à travers la vie ne doit pas constamment voir le monde terrestre. Il existe dans un autre monde et doit le voir. Mais comme il est toujours connecté au monde terrestre par un étudiant et qu'il remplit plusieurs fonctions pour ce monde, il a parfois besoin de voir le monde sous-jacent.

À cette fin, il peut utiliser des moyens techniques spéciaux d'un plan subtil. (Classiquement, nous les appelons des puces. Elles sont créées à partir des énergies de la matière subtile et insérées dans l'œil de l'étudiant, mais elles restent invisibles). Une telle puce suffit au qualificatif pour voir le monde physique, pour ainsi dire, à travers les yeux de son élève. Le Déterminant pourra voir ce que l'étudiant verra, mais dans un rayon proche.

Une puce est un micro-appareil subtil capable de transformer des images matérielles en fréquences nécessaires du monde subtil et de créer des images perçues par le Déterminant. C'est un appareil technique très complexe avec des microcircuits fonctionnant dans la plage de fréquences de deux mondes.

De tels dispositifs miniatures (puces) sont très coûteux. Ils sont mis temporairement et uniquement à des personnes individuelles, lorsqu'il est nécessaire de contrôler leur travail pendant une certaine période. C'est-à-dire sur Terre - il s'agit de cas isolés lorsque, à travers les yeux d'une personne, les Maîtres Supérieurs regardent le monde physique.

À terme, cela se produit pendant une période de réorganisation radicale de la société, de l'humanité, de certaines époques, etc., lorsqu'il est nécessaire de contrôler les changements et les situations. Ensuite, ce périphérique est supprimé. (Après cela, une personne peut avoir une déficience visuelle de cet œil, mais il est restauré).

Ainsi, les dispositifs techniques à base de ressources réduisent souvent les perspectives du monde.

De même, une personne crée un télescope pour voir la vie sur des planètes éloignées et crée des microscopes pour voir des micro-organismes. Mais c'est une technique brute et matérielle. Une technique subtile, proche du monde physique, permet de voir d'un autre monde des plans pour l'existence de l'homme et des créatures dans des mondes parallèles.

* * *

Chapitre 4
Pourquoi les "soucoupes volantes" plongent dans la Terre

Question: Actuellement les aéronefs des extraterrestres se plongent très souvent dans les continents sans aucun souci, comme s'ils plongeaient dans l'eau. Vous avez dit qu'ils étaient engagés en partie dans les mouvements tectoniques de la terre. D'autres affirment qu'ils se cachent des gens de cette manière. D'autres affirment qu'ils sont alimentés par des cristaux d'énergie souterrains. Que peut-on ajouter à ces hypothèses?

Réponse: Les extraterrestres de différents Niveaux effectuent maintenant le travail le plus divers sur Terre, mais tout cela est associé à sa restructuration dans le plan physique et dans le subtil. Les continents seront reconstruits, ce qui signifie que leurs mouvements commenceront, que les coquilles subtiles de la planète commenceront à changer. Et tout cela sera effectué par les mains d'extraterrestres de différents Niveaux de développement et de différentes matières. Par conséquent, ils sont nombreux à arriver maintenant. La restructuration bat déjà son plein.

Mais les extraterrestres ne plongent pas toujours dans la terre pour se cacher ou pour effectuer des travaux sur le continent.

Dans certains endroits de la planète il y a des transitions vers une autre dimension. Par conséquent, de nombreux aéronefs d'extraterrestres bien qu'ils plongent dans les profondeurs de la matière de notre planète, ne restent pas là-bas, mais passent immédiatement dans une autre dimension et volent dans leur monde. C'est confortable pour eux.

Le fait affirmé pas les scientifiques que pour voler vers une étoile ou une planète il faudra plusieurs milliers des millions d'années-lumière est calculé par eux en fonction de la vitesse de la tortue. Si nous prenons une tortue il nous faudra un certain temps pour aller de Moscou à Voronej, et si nous prenons un avion, cela prendra un autre temps. Tout dépend de la vitesse de l'appareil, de la forme, du mouvement attendu. De plus, si vous voyagez sur des terres où il y a beaucoup d'obstacles (montagnes, marais, rivières) - ce sera un temps, et l'air, avec un minimum d'obstacles, crée un itinéraire plus favorable pour la circulation et donne un temps différent pour aller au même point d'une autre manière.

À cet égard, une personne devrait savoir que l'espace extérieur de notre univers possède une certaine structure subtile avec des tunnels et ses voies de navigation et des lieux de transition d'une dimension à l'autre. Les extraterrestres le savent et en font bon usage. Par conséquent, ils ont parfois besoin non seulement de milliards d'années pour atteindre leurs planètes, mais de quelques jours seulement. Bien sûr, cela est différent pour tous ceux qui vivent plus loin, qui sont plus proches.

Par conséquent, dans les endroits où les "soucoupes volantes" se plongent le plus souvent dans le sol ou dans l'eau, il n'y a que des tunnels de transition vers d'autres dimensions. De plus, dans un endroit de la Terre, il peut y avoir une transition vers une dimension, dans la deuxième place dans une autre dimension et dans la troisième dans une autre.

À l'intérieur de la planète, il y a des transitions spéciales vers d'autres espaces, ils conviennent aux extraterrestres très développés, ils les utilisent donc pour leurs mouvements. C'est confortable pour eux. Ainsi, leurs avions, plongés dans la matière de la planète, ne restent pas dans celle-ci mais volent au-delà de la Terre dans leur monde ou dans la planète suivante. Souvent, ils desservent plusieurs planètes à la fois pour un voyage.

Lorsqu'ils reconstruisent quelque chose sur notre Terre, ils volent simultanément vers sa planète-double, qui a plusieurs années de retard dans son développement et réside également dans une autre dimension par rapport à nous. Là, ils apportent également les modifications appropriées.

Extraterrestres aux pôles de la Terre

Question: On voit maintenant des avions extraterrestres, même au pôle Nord. Que font-ils là?

Réponse: Beaucoup de leurs actions sont associées à la

restructuration du réseau magnétique de la planète (comme le disait Kryon, la Personnalité Suprême du plan subtil engagée dans des réorganisations planétaires). De plus, les pôles magnétiques sont en train de changer, ce qui nécessite également beaucoup de travail de la part d'étrangers possédant les mécanismes de transformation de la matière physique. Si nos scientifiques disent que la Terre changera de pôle, cela ne veut pas dire que tout se passera seul, spontanément et spontanément. Tout sera réalisé en fonction des projets des Développeurs Supérieurs. Par conséquent, les extraterrestres procéderont à la restructuration de ces projets avec un maximum de précision.

Mais quant aux transitions vers une autre dimension dans la région des pôles Nord et Sud de la Terre, elles (transitions) y sont absentes. Là, bien sûr, il y a une transition vers une autre dimension, mais cela ne mène pas à la ligne de transport d'avions, mais au sous-espace spécial de notre planète, également dans une autre dimension. Voici quelque chose qui ressemble à un laboratoire spatial qui fonctionne sur Terre. Elle a ses propres tâches.

Mais si vous ouvrez un peu le voile du secret, alors nous pouvons dire que ce laboratoire travaille avec de la matière vivante.

En 2012, une grande restructuration de la partie matérielle de notre planète et de ses structures subtiles aura lieu. Elle affectera ce laboratoire.

Un homme ne voit sa planète que dans la gamme des fréquences physiques des énergies, et tout ce qui est construit dans une autre gamme reste invisible pour elle et, par conséquent, de nombreux phénomènes ne lui sont pas clairs. Il ne parvient pas à se connecter l'un à l'autre, utilise des connaissances fragmentaires sur les phénomènes naturels, ce qui entraîne la destruction de la planète, de l'environnement dans lequel il est placé.

Il est temps que les scientifiques reconnaissent qu'il existe une forme de vie énergétique et une forme biologique. Ne reconnaissant que la vie biologique, il crée un défaut dans ses concepts. Par conséquent, une personne a une telle idée fausse que les êtres supérieurs, appelés par eux - dieux, devraient manger de la nourriture matérielle, et que les extraterrestres devraient se réchauffer avec quelque chose, pour ne pas geler en vol ici sur Terre.

Mais s'ils reconnaissent que de nombreuses formes de vie existent dans un autre domaine, dans un environnement différent, il deviendra alors évident que les Dieux n'ont pas besoin de nourriture matérielle. Les extraterrestres peuvent se nourrir directement d'énergie. Cette espèce n'a donc pas d'organes internes, ils sont disposés différemment.

Les extraterrestres n'ont pas besoin de chauffage spécial aux pôles Nord et Sud, mais ils ont besoin d'un certain habitat, calculé en fonction des paramètres spécifiques de l'existence de leur corps. Dans un tel environnement, le paramètre «température» peut être absent. Parfois, il leur suffit de s'ajuster à certains paramètres pour ne pas souffrir dans un environnement étranger. De plus, la question de leur corps peut ne pas répondre du tout aux facteurs négatifs de notre environnement dont souffre la personne elle-même.

La matière, même dans notre univers, a des propriétés et des qualités trop diverses. Par conséquent, sa diversité ne doit pas être ajustée à ce que vous avez étudié, mais en même temps, elle a été partiellement étudiée.

Il est impossible d'acquérir la conscience cosmique si vous ne regardez l'univers, notre univers que par le prisme de la matière du monde physique. Les matérialistes peuvent paraître invraisemblables au regard d'autres lois dans le monde de l'énergie, telles que se déplacer dans l'espace sans moyens techniques et créer des objets matériels grâce au pouvoir de leurs pensées.

Nibiru

Question: Que savez-vous de la planète Nibiru, qui se dirige maintenant vers la Terre?

Réponse: Je vais donner des informations des gens qui collectent des informations à ce sujet.

Bien sûr, il est difficile pour un homme de savoir ce qui lui est éloigné par le temps et l'espace. C'est pourquoi dans ses connaissances il doit s'appuyer entièrement sur les informations fournies précédemment par le Supérieur ou par les étrangers eux-mêmes. Beaucoup de données sont tirées des anciens enseignements des Mayas, des Sumériens, beaucoup de choses ont été écrites sur Nibiru sur des tablettes d'argile d'anciens peuples.

Pourquoi, par exemple, les Sumériens en savaient-ils beaucoup sur cette planète? Parce que cette connaissance leur a également été apportée par des extraterrestres. Par conséquent, sur la base de ces connaissances anciennes, les gens ont pris conscience du fait qu'il s'agissait d'une immense planète qui surpasse la Terre. Elle s'appelle la 12ème planète du Système solaire. Elle est habitée.

Alexander Voronin, le président de la société russe pour l'étude des problèmes de l'Atlantide, rapporte que son orbite est très allongée, passe entre Mars et Jupiter. Elle traverse le Système solaire une fois tous les 3600 ans. Sinon, on l'appelle aussi la planète des Dieux, car de très hautes personnes y vivent, atteignant une hauteur de 3 à 5 mètres.

Certains savants les appellent nos ancêtres, mais ce n'est pas le cas. L'homme a été créé spécifiquement pour la Terre en fonction de son énergie, de sa fonction. Même de civilisation en civilisation, sa conception a changé car la forme du corps devait maîtriser de nouveaux types d'énergies. Par conséquent, toutes les formes vivantes ne peuvent pas continuer à exister sur Terre. Cependant, il est indéniable que ces extraterrestres ont donné à l'homme certaines connaissances et pourraient rester sur notre planète pendant un certain temps. Des squelettes de certains se trouvent sur Terre.

Quand nous avons demandé à nos Maîtres de quel genre de planète il s'agissait, ils ont confirmé qu'il renferme des êtres que l'homme appelle extraterrestres. Les extraterrestres du Niveau physique se dirigent chez nous. Ils reconstruiront la planète et, en même temps, sauveront des gens… mais ceux qui restent après les cataclysmes. Ils aideront ceux qui restent à continuer de vivre dans des conditions encore pires. Vous devez vous adapter au pire. Ils ne prendront que les dignes sur Nibiru, et ce seront des unités.

Maintenant, il est clair où les gens ont eu l'information que les extraterrestres sauveraient les gens. Nous aussi on apprend des choses pas à pas. Il existe d'autres contacteurs qui reçoivent des informations des Systèmes matériels. Mais leurs données doivent être vérifiées, car l'esprit humain déforme énormément en l'absence de tout le volume de la connaissance cosmique. À cet égard, nous devons ajouter ce qui suit.

Les extraterrestres ne sauveront pas tout le monde, comme l'attendent les gens, nous avons expliqué ces raisons dans un article sur Lémurie. Le salut est le destin des unités. Nibiru apportera à la Terre de nombreuses destructions, de nouveaux virus, des maladies, de nouvelles énergies. Ce faisant, cela causera de puissantes destructions sur Terre.

La raison de son apparition dans le Système solaire est qu'une fois tous les 3600 ans elle comprend un certain cycle de développement de notre planète et du Système solaire, ce qui a un effet puissant sur l'ensemble de l'énergostructure de notre planète.

Nibiru activera de nouveaux programmes qui correspondent à une certaine gamme d'énergies, tout dans la coquille astrale de la Terre changera, de nouvelles structures subtiles se joindront au travail. En d'autres termes, non seulement le défilé de planètes, mais aussi les extraterrestres des profondeurs de l'espace participeront à ces changements. Tout cela est un processus galactique unique avec ses propres technologies. L'homme le perçoit de manière trop simpliste par exemple, l'arrivée d'une nouvelle planète et d'un défilé de planètes. Et ce sont des mécanismes cosmiques en action.

Le développement de la Terre entière et de l'humanité ira d'une nouvelle manière. Notre planète subira un changement de méridien, d'abord sur le plan subtil, puis sur le plan physique. La matière elle-même, sa base qualitative, va commencer à changer.

Après l'intervention de Nibiru dans la vie de l'humanité, de nombreux pays perdent leur importance et certains n'auront que des territoires séparés avec des résidus de population.

QUESTIONS ET RÉPONSES DIVERSES

Question: Où sont les âmes des civilisations passées?

Réponse: Ceux qui ont atteint la perfection requise sont restés dans les Sphères célestes, dans la hiérarchie des serviteurs de la Terre, pour travailler avec les âmes inférieures des gens, pour les éduquer, pour apporter au savoir de nouvelles connaissances complexes. Cette hiérarchie regroupe les meilleurs spécialistes dans tous les domaines de la connaissance. Pythagore, Léonard de Vinci, Kepler, Bruno, et même Nostradamus sont toujours dans cette hiérarchie et continuent de travailler pour l'humanité. Des spécialistes de haut niveau d'y arrivent pour transmettre aux gens de nouvelles inventions ou théories.

Eh bien, les âmes des civilisations du passé qui se sont peu et lentement développées, avec des périodes de dégradation, continuent à se développer dans notre cinquième civilisation. Maintenant, par exemple, il y a beaucoup d'âmes de l'ancienne Atlantide. Si vous plongez dans leur passé, elles peuvent vous raconter beaucoup de choses intéressantes sur Atlantide et sur la manière dont elle a coulé.

Il y avait sur Terre et des civilisations telles que Maya, qui sont tous passées à un Niveau d'existence différent lorsqu'ils ont atteint les paramètres de développement requis. La civilisation a traversé certaines zones de l'espace, appelées les points singuliers ou les points de transition. Ce sont des tunnels qui s'ouvrent à certains moments dans les structures de la planète. Les créatures ayant atteint le Niveau de développement requis passent à travers elles dans d'autres coordonnées spatio-temporelles. Ils continuent de s'améliorer dans le nouvel environnement.

Si vous regardez leur départ du côté, ne comprenant rien dans de tels processus, alors les individus restant sur la terre parce qu'ils n'ont pas atteint le Niveau de perfection souhaité, leur disparition sans traces peut sembler incompréhensible et étrange. Mais ce n'est que la transition des âmes formées vers une autre dimension.

Où vont les âmes des races mixtes?

(Questions posées par le lecteur T.E.V.)

Question: Les âmes de chaque race après la mort montent vers leur séparateur. Mais si une personne est issue d'un mélange de races (la mère est une femme noire et le père est un Russe), où l'âme d'une telle personne après la mort ira-t-elle?

Réponse: Si la matière biologique est mélangée et qu'un métis se forme à partir du mariage, c'est-à-dire un homme de nation mélangée, cette âme devait donc intégrer à la matrice des types d'énergies insignifiantes d'une nation à l'autre, car chacune d'elles fonctionnait avec son propre spectre d'énergie.

Mais dans l'ensemble, les types d'énergies que l'âme a acquises au cours de plusieurs incarnations passées prévaudront toujours dans l'âme en nombre. C'est-à-dire que les énergies dont l'âme a accumulé davantage pour toutes les vies passées seront décisives dans le choix du distributeur. Après tout, ce processus fonctionne automatiquement. Les paramètres qui dominent dans l'âme la transféreront automatiquement au distributeur qui fonctionne avec ce type d'énergie. C'est pourquoi cette âme sera attirée par le Distributeur auquel elle est plus cohérente selon ses types d'énergies.

Question: Le professeur Maharishi, fondateur de la méditation transcendantale, a annoncé un jour pendant ses conférences: "Peu importe qui vous êtes, il est important de savoir où vous êtes." Cela signifie-t-il que l'essence de chaque personne a une certaine qualité d'âme et, conformément à cela, un certain programme, par exemple, l'un vient sur Terre, remplissant la fonction du cœur, l'autre - la fonction du foie, etc.?

Réponse: Chaque âme (ou plutôt un groupe d'âmes) est à l'origine destinée à un endroit spécifique du corps de la nature dont nous avons déjà parlé. Par conséquent, les Programmeurs supérieurs commencent immédiatement à l'orienter vers un tel développement, au cours duquel elle pourrait développer en elle les qualités requises à cet endroit.

Mais même dans ce domaine particulier, l'âme a déjà déterminé quelle cellule elle occupera ici. Ainsi, par exemple, dans le foie humain, chaque cellule a sa propre place, car elle se concentre sur certaines fonctions et connexions spécifiques avec les cellules environnantes, mais elles sont différentes. Les cellules qui travaillent au milieu et à l'extérieur du foie fonctionneront différemment et auront des fonctions et des connexions différentes. Par conséquent, leur emplacement est toujours important.

Bien sûr, il s'agit d'une comparaison approximative, mais elle permet à une personne de comprendre la différence entre la qualité de la matière, la localisation et les différences dans le travail effectué. Et si vous traduisez cela dans les matrices spatiales de la Nature, il devient clair que chaque âme a sa propre cellule. Ainsi, dans la Nature, chaque âme est prédéterminée non seulement à un certain endroit, mais également à une cellule spécifique. Et la cellule doit être remplie d'énergies strictement définies afin de recréer les fonctions nécessaires de l'organisme cosmique.

Il devient clair que, selon l'endroit où l'âme est destinée, cela dépend des qualités qu'elle développera. Sur la base de ces nouvelles données, une personne devrait réfléchir à ses idées antérieures et à la libre circulation dans l'espace, ainsi qu'aux activités futures. Tout cela ne correspond peut-être pas entièrement à ses vieilles illusions sur la vie dans l'univers.

Qui peut être aidé et qui – non

Question: Comment ressentir cette limite quand vous pouvez aider une personne et quand - non? Quand l'aide est-elle pour le bien et pour le mal?

Réponse: Il faut essayer de construire deux variantes des conséquences de votre aide pour une personne. Une option est que vous l'aidez et quelles conséquences positives peuvent en découler. La deuxième option est la façon dont les événements peuvent se développer négativement après votre aide. Après cela, vous devez conclure pour vous-même, quelle est la raison de votre aide, quelles sont les conséquences dont vous attendez. C'est à vous de choisir, car c'est le sens du développement de votre âme. Lorsque vous aidez, votre âme reçoit un avantage, et l'âme de la personne aidée reçoit un avantage si elle continue à se développer positivement après le soutien; et elle gagne un minimum si elle utilise l'aide non pour le bien, mais au détriment de lui-même ou des autres. Tout repose sur le choix de ces deux personnes: celle qui aide et celle qui a besoin d'aide.

Surutilisation d'énergie par l'homme

Question: Quand une substance est incarnée dans notre monde physique, une certaine énergie lui est allouée. Il est probable qu'une personne dépensera l'énergie qui lui a été donnée à l'avance, alors que son programme n'est pas encore terminé. Ensuite, elle aura besoin d'énergie supplémentaire, mais cela créera déjà une sorte de sa dette. Les gens remplissent de telles énergodettes à la fin de leur vie ou sont-elles transférées à la vie suivante?

Réponse: Une personne peut dépenser en avance l'énergie qui lui a été donnée pour la vie si elle choisit la mauvaise voie de développement, dont les situations brûlent son énergie. Cela correspond souvent à des chemins de dégradation. Ensuite, elle mourra plus tôt que possible, choisissant une autre option de développement.

Un gaspillage rapide d'énergie implique déjà des situations basées sur les possibilités de dégradation. Les Supérieurs ne veulent pas sa dégradation. C'est pourquoi dans cette option ils prévoient un gaspillage excessif d'énergie par une personne et créent une impasse dans le programme qui exclue l'individu de la vie. Cela empêche le gaspillage excessif d'énergie. Les Programmeurs Supérieurs anticipent de telles situations à l'avance, en se basant sur la compréhension de la nature de la personne.

Les grandes énergodettes sont transférées à la prochaine vie, et l'individu peut vraiment en régler de petites à la fin de sa vie. Il reçoit une telle opportunité.

Degré de liberté

Question: Puisque chaque chose est individuelle pour chaque âme incarnée, son degré de liberté sera-t-il individuel?

Réponse: Oui, bien sûr, chaque personne a un degré de liberté individuel: certaines personnes sont plus libres de choisir dans des situations de la vie, d'autres moins, et elles peuvent même se sentir largement limitées. De nombreuses personnes positives ont le sentiment que leurs actions sont limitées économiquement ou moralement. Parfois, elles sont placées artificiellement dans des conditions aussi difficiles avec un minimum de liberté, de sorte qu'elles se dégradent le moins possible.

Les individus négatifs ne jouissent pas d'une totale liberté, car le hiérarcque négatif ne veut pas dépenser son énergie pour rééduquer et corriger les erreurs pour des raisons économiques. Il a développé de tels programmes pour ses subordonnés, qui les forcent à exécuter avec précision et précision les actions qui les éduquent dans les qualités qui lui sont nécessaires.

À qui le mal est pardonné

Question: Dans l'un de vos livres, il est écrit qu'aucun mal n'est pardonné à l'homme. Cela ne s'applique-t-il pas aux Substances du Système négatif?

Réponse: Oui, cela ne leur s'applique pas, car ils sont spécialement conçus pour la commission du mal, ils s'améliorent. Par conséquent, ils font ce qu'ils veulent. Ainsi, ils induisent en erreur les personnes positives qui pensent pouvoir tout faire en toute impunité et commencent à imiter les personnes négatives.

Un hiérarque négatif n'a rien à pardonner pour ses subordonnés, au contraire, il les y oblige, car il les développe en qualités négatives pour son monde. Par conséquent, notre connaissance est si importante qu'une personne sait comment voir: ce qui est négatif ne peut pas être positif. Pour la même inconduite, le positif sera puni et le diable récompensera le négatif. Par conséquent, il y a de tels cas où une personne est emprisonnée pendant 3 ans pour un sac de pommes de terre volées (cela signifie que cette personne est positive et que le Très Haut veut qu'il soit toujours honnête), et celui qui a volé des millions reste en fuite et vit parfaitement (il est négatif et protégé hiérarchie négative).

De même, par exemple, si une personne positive falsifie des documents et s'approprie l'appartement de quelqu'un, elle sera sévèrement punie. Et si un individu négatif fait cela, alors tout deviendra impuni et il s'épanouira. Et cela servira de tentation à l'individu positif: "ils disent qu'il a triché - et comme il vit bien. Mais pourquoi ne pas essayer de me faire ça aussi?" Il ne pense pas aux conséquences, car il ne sait pas qu'elles existent. Et je lirais nos livres afin de tout comprendre correctement.

Accumulation de karma

Question: Les gens, à cause de leur faible niveau de conscience et de la présence d'un certain degré de liberté, font des erreurs, générant ainsi du karma. Ils réussiront dans une vie, puis dans la suivante, ils feront également des erreurs, puis le karma est ajouté, ajouté à la précédente.

Ce processus se développe comme une boule de neige, un cercle vicieux dans lequel vous ne pouvez pas sortir. Après plusieurs incarnations une substance aura déjà un tel nombre d'énergodettes que le processus de leur développement devient pratiquement impossible, d'où la probabilité de tomber dans le Système négatif de la hiérarchie négative ou d'être décodé. Quel est le moyen de sortir de cette situation?

Réponse: La sortie a longtemps été fournie par les Maîtres Supérieurs. Ils ne vous permettent pas de gagner trop de dettes. Ils ont tous leurs propres normes. Si une personne dans la vie suivante ne remplit pas le karma du passé, mais ajoute de nouvelles dettes, elle sera forcée de se réaliser par le biais de maladies graves, de corps laids, de situations de vie difficiles dans lesquelles les Supérieurs la mettent dans une position telle qu'elle commence à souffrir. Les sans-abri, par exemple, sont placés dans une position telle que toute leur vie se transforme en cauchemar continu. Mais à travers cela, ils règlent leurs dettes passées.

Les Supérieurs ne leur permettent pas d'accumuler les dettes infiniment, mais seulement jusqu'à 10 incarnations, après quoi ces âmes, qui doivent beaucoup rendent les dettes à travers les souffrances et puis sont décodés. Les Supérieurs croient que de telles âmes ne sont pas capables d'évolution. Si au début, la personne se développe normalement et commence à accumuler des dettes après 10 incarnations, alors de telles âmes peuvent à nouveau être décodées au cours des 10 prochaines vies. Les Supérieurs n'ont pas besoin d'âmes qui ne leur donnent pas de profit. Tout ce qui est incapable de progrès est détruit (auparavant, bien sûr, ayant rempli son devoir de terrible agonie). Ils ne prennent pas des gants avec des gens. Et maintenant, le moment vient où beaucoup de gens commencent déjà à rendre leurs énergodettes à travers les souffrances. C'est pourquoi, actuellement la vie de plusieurs gens est si dure.

Quelle est la quantité d'âmes dans le distributeur

Question: Puisqu'il reste peu de temps et qu'il y aura un retrait massif de personnes de la vie, il deviendra impossible d'enterrer des personnes, en particulier d'observer le rite de certaines prières dans l'église. Comment les âmes des morts trouveront-elles leur place dans le monde énergétique en fonction de leur potentiel énergétique? Après avoir quitté le corps, beaucoup d'âmes n'auront pas assez d'énergie pour atteindre le canal menant au distributeur.

Réponse: Il y a maintenant un changement d'époques et de civilisations. Seules les meilleures âmes seront admises dans la nouvelle race. Et tous ceux qui ne peuvent pas monter dans les canaux du Distributeur sont considérés comme un déchet. On a longtemps travaillé avec eux, leur a donné des chances de développement mais elles ont continué à régresser (le fait de ne pas accumuler les énergies requises est une dégradation), et c'est précisément à cause de la dégradation que leurs âmes ont un énergopotentiel très bas et ne peuvent pas s'élever.

De telles âmes sont attribuées au déchet, elles ne sont pas nécessaires dans le prochain cycle de développement. Tous ceux qui ne peuvent pas se lever seront détruits. Les Anges de la mort les rassembleront dans le monde souterrain et les fondront. C'est pourquoi Dieu dit dans la Bible qu'au jour du Jugement, il les «mettra au feu et les fera fondre à mesure que l'argent fondra ...». Et Dieu continue: "Je leur apporterai un désastre dont ils ne pourront se débarrasser, et quand ils m'appelleront, je ne les entendrai pas ". C'est-à-dire que les péchés ne sont pardonnés que jusqu'à un certain temps, puis Dieu cesse d'entendre les pécheurs et les détruit. C'est pourquoi les âmes à faible potentiel seront recueillies par des machines spéciales et détruites. Et celui qui se développe plus ou moins normalement et peut s'élever lui-même, car on a déjà agrandi les salles d'attente, elles accepteront tout le monde. Les Supérieurs prévoient tout à l'avance.

La taille des cellules de la matrice de différents niveaux

Question: L'évolution affecte la taille de l'âme. Si la cellule de la matrice est déjà remplie de certaines énergies, la suivante est remplie. Mais les tailles de cellules sont-elles identiques ou différentes? Ou bien la matrice elle-même croît-elle et de nouvelles cellules apparaissent-elles qu'il faudra remplir à nouveau? Quelles sont leurs tailles?

Réponse: La matrice a la capacité de s'auto-construire. Par conséquent, lorsque les cellules approchent du remplissage, le mécanisme de construction d'autres cellules est activé dans la matrice. La taille des cellules dépend du niveau de développement atteint par l'âme. Plus le Niveau est élevé, plus les cellules de la matrice deviennent grandes et sont reconstruites. Mais toutes les cellules appartenant au même niveau ont la même taille. Et les cellules du niveau inférieur auront une taille plus petite que celles du niveau suivant. La matrice a de nombreux processus automatiques qui s'activent lorsque l'âme atteint certains paramètres.

Vaccinations

Question: Les vaccinations réduisent-elles l'immunité d'une personne et affectent-elles une modification de son code génétique? La vaccination de masse obligatoire est-elle un programme?

Réponse: Oui, ceci est un programme. Et le fait que les vaccins affectent l'immunité, c'est que les médicaments sont mal faites. C'est la faute des gens. Comme toujours, ils mettent mal en pratique les idées des Maîtres Supérieurs, n'étudient pas pleinement les effets des drogues et n'élimine pas les défauts émergents. Nous devons travailler sur la qualité des vaccins, mais nous ne le faisons pas. Quant au code génétique, il est influencé par trop de facteurs, pas seulement par les vaccinations.

Acteur négatif

Question: Une personne du Système positif de Dieu, en présence de capacités et de talents, ayant par exemple la profession d'acteur, peut parfaitement jouer à la fois un méchant et un héros. Et une personne du Système négatif du Diable, exerçant le même métier, peut-elle jouer un héros positif de manière à toucher les cordes subtiles de l'âme de nombreux spectateurs?

Réponse: Non, un artiste négatif du système d'opposition de Dieu ne pourra pas jouer de manière à affecter l'âme des autres (c'est-à-dire les gens positifs de Dieu), car aucune énergie spéciale d'amour et de compassion n'éveille des sentiments de réponse dans l'âme du public.

Les mêmes énergies devraient résonner, et s'il n'a pas ces qualités d'amour et de compassion, le spectateur ne pourra pas résonner avec lui, de sorte que l'impression de son jeu sera complètement différente. C'est-à-dire qu'il peut très bien jouer, mais l'impression positive de son jeu sera négative.

Qui sera décodé

Question: Une Substance qui appartient déjà à un certain système énergétique (positif ou négatif) peut être décodée.

Réponse: Si elle appartient à un Hiérarque négatif, alors elle ne peut pas être décodée, car il a très peu d'âmes. Et grâce à ses programmes spéciaux, il les fait progresser dans les qualités négatives dont il a besoin. Par conséquent, les Substances déjà transférées dans le Système négatif ne sont pas décodées. Et les âmes positives continuent à être décodées, mais seulement jusqu'à un certain indicateur, de sorte que le Diable n'a pas trop d'âmes. Sinon, il sera capable de devancer Dieu. Après tout, celui qui a plus d'âmes est plus fort. C'est pourquoi le plus grand nombre d'âmes défectueuses appartenant déjà au Système positif est décodé, mais elles ne sont pas données au Diable.

Mais lorsqu'une âme positive gagne un énergopotentiel égal à 50 unités d'énergie conventionnelles, elle n'est plus décodée, mais seulement partiellement nettoyée des énergies mal accumulées.

Sagesse de dieu

Question: Dans la Bible, tiré des épîtres des apôtres, l'apôtre Paul (1 er Corinthiens, 1 er chapitre) a déclaré: "Toute la sagesse de ce monde est une folie devant Dieu." Cela devrait être compris comme un niveau de conscience trop bas des âmes incarnées sur Terre?

118

Réponse: Oui, les concepts humains de l'univers, des relations avec des Supérieurs et leurs mondes sont tellement erronés que leurs questions ou discussions à propos de ces choses ressemblent à des folies absurdes. Et pour éviter cela, il est nécessaire de comprendre la nouvelle connaissance supérieure et de la comprendre correctement. C'est-à-dire que toute la raison du raisonnement fou de l'homme réside dans le fait que ses concepts ne correspondent pas aux concepts de Dieu. Ils ont tort à 90% et ont donc l'air d'une folie insensée. Mais Dieu a une connaissance globale, des concepts de la catégorie la plus élevée, il sait ce qui est inaccessible à la compréhension de l'homme, donc il est sage.

Les âmes humaines peuvent-elles exister dans des mondes parallèles

Question: Les âmes incarnées sur Terre peuvent également exister dans des mondes parallèles pour la réalisation, par exemple, d'options non utilisées pour le programme sur Terre? J'ai lu dans plusieurs livres sur l'ésotérisme que c'était possible.

Réponse: Les gens de notre monde peuvent exister dans des mondes parallèles, analogues uniquement au nôtre. La Terre a deux mondes analogues. Mais s'ils y arrivent par accident, ils s'y perdent, ils ne se développeront pas. Et les branches du programme, qui ne sont pas réalisées par la société, deviennent une chose du passé et il est impossible de les réaliser car toute option est associée à certaines personnes, à leur groupe. Et pour réaliser l'option, il est nécessaire que tout ce groupe de personnes passe dans un monde parallèle.

Les gens ont beaucoup de faux concepts, et ils doivent être corrigés. En fait, chaque âme est destinée à son propre monde et il n'est pas spécialement autorisé à se déplacer dans un autre monde. Si quelqu'un est autorisé à entrer temporairement dans un monde parallèle, il ne pourra pas y exister pour de nombreuses raisons, mais il en tirera des connaissances. Une visite dans un monde parallèle permet à un individu de tirer une expérience de sa visite et d'en parler à d'autres personnes afin de les amener à réfléchir à la véritable structure de la Terre.

* * *

Sommaire

La liste des livres
Série « Au-delà de l'inconnu »
Seklitova L.A & Strelnikova L.L

Site : www.6paca-france.com
Mail : 6paca.fr@gmail.com

FACILE
« L'Esprit Supérieur révèle les mystères » (FAQ)
« Terrestre et Éternel » (FAQ)
« Les mystères du 21ème siècle » (FAQ)
« Le chemin de l'inconnu » (FAQ)
« L'illusion de vérité » (FAQ)
« Rencontre avec les invisibles »
« La création des formes ou bien les expérimentes de l'Esprit Supérieur
»
« L'Homme de l'ère du Verseau »
« Le dictionnaire de la philosophie cosmique »
« Le mystère de la réalité »
« L'espace Apocalypse »
« le mystère à la réalité »
« Le Formule de l'évolution »
« L'homme de la race d'or »
« Le feu de Prométhée ou la mystique »

MOYEN
« L'Âme et les mystères de sa structure» (FAQ)
« Les mystères des mondes Supérieurs » (FAQ)
« La vie secrète des Maitres Célestes » (FAQ)
« La structure d'énergie d'une personne et de la matière » (FAQ)
«Les perles des vérités Supérieurs »
« Conversation sur l'inconnu »
« La matrice – base de l'âme »
« Le doigt du Destin »

DIFFICILE
« La philosophie de l'éternité »
« La philosophie de l'Absolu »

« L'individuel et l'éternité »
« Formation de l'âme ou paradoxale philosophie »
« Le nouveau modèle de l'Univers, et le mystère de l'univers, est ouvert »

TRÈS DIFFICILE
« Les Lois de l'Univers »

Série « Encyclopédie d'une Nouvelle Ère »
Seklitova L.A & Strelnikova L.L

MOYEN
4. « La naissance, la mort et le Karma » Tome 4
5. « L'Amour, la Famille et les Enfants » Tome 5
6. « L'évolution de l'Humain » Tome 6
9. « La personne extraordinaire » Tome 9

DIFFICILE
1. « Le création de l'Homme » Tome 1
2. « Le création de l'âme » Tome 2
3. « Le développement de la mentalité » Tome 3
7. « Le Choix de l'Âme ou bien l'Évolution positive et négative d'une personne » Tome 7
8. « Le Sort, le Destin ou bien le Rôle des Programmes dans l'Évolution d'une personne » Tome 8
10. « Le nouveau sur la religion » Tome 10
11. « Le genre humain » Tome 11

SECTION : « La race de la Terre d'or »

DIFFICILE
12. «La terre, une planète sage » tome 1
13. «Les mystères du Temps » tome 2
14. « L'univers et ses mondes » tome 3

Série « Magie de la Perfection »
Seklitova L.A & Strelnikova L.L

FACILE
« La Liberté et la Fatalité »
« Les leçons Karmiques du Destin »
« Le Grand Passage ou les Variantes de l'Apocalypse »
« Pourquoi les changements de la Terre »
« Le Formule de l'évolution »
« La Terre – 21 siècle »

MOYEN
« La Phénomène de l'âme »

Série « Spiritualité à Aphorisme »
Seklitova L.A & Strelnikova L.L

FACILE
Cette série Cette série comprend des livres suivants: « Facettes du diamant », « Blues d'étoile », « Miroir de la sagesse », « Pétales du lotus », « Ode de l'éternité », « Sonate de la vérité », « Sagesse à aphorisme », « Vérités éternelles ».